おなかの中からはじめる
ハッピー子育て

信 千秋
shin senshu

SOGO HOREI

はじめに

素直に考えてみました。子どもがいなくなれば民族は活性を失います。未来にあまり希望がみえなくなるからでしょうか。

いま社会的に必要なのは、母なる性の見直しです。母性の大切さを理解して、畏敬をもって具体的な支援とサポートをする重要性です。思いつきの小手先の対策などしていては、悔いを千載に残すことになるでしょう。

子育てと教育の混同がずいぶんと人間性の喪失を招いているようです。子育ては愛と情の領域で、教育の理の領域とはまったく違うのですが、まだ理解されていません。子育てから愛と情をとりされば、いのちは細りだします。いのちは愛と情のエネルギーで支えられているからです。

もともと自然はいのちのすべてに、それを伝えているのです。ルネサンス美術の巨匠、ミケランジェロ（Michelangelo）があの創世記の天井画を完成したとき、自然は平面には描き切れないと名言を残しています。自然に平面はないからでしょう。

自然のなかでもっとも自然な行為が子育てです。子育ては人ができうる最高の芸術ともいえます。いのちには深い厚みと重さがあるのです。

なにごともはじまりが肝要といいます。ここで子育てのはじまりからの育て方を、素直に振り返ってみました。よくいわれる伝統胎教も見直し、新しい胎教科学としていのちに伝えてきた自然の知恵をとりいれたいと思います。

子どもの成長期でミクロ単位から数千グラムまで、壮大ともいえる大変化はこの胎内の場合だけです。胎内のよい環境づくりや、赤ちゃんの心とのコンタクトの方法を覚えましょう。

また、どうすれば、もっとも胎内の赤ちゃんにお母さんの心を伝えられるか、多くの具体的な胎内育児の方法もまとめてみました。

はじめからの子育てが、あとあとの子どもの成長にも大きな影響を残します。いま子育て中のお母さんにも役立つ、乳幼児の心の育て方の具体例も集めました。すぐに実行できることがらです。楽しくすすめてみてください。

信千秋

おなかの中からはじめるハッピー子育て◎もくじ

第1章　子育ては感性の受け渡し

感性の保護と干渉をバランスよく育てる

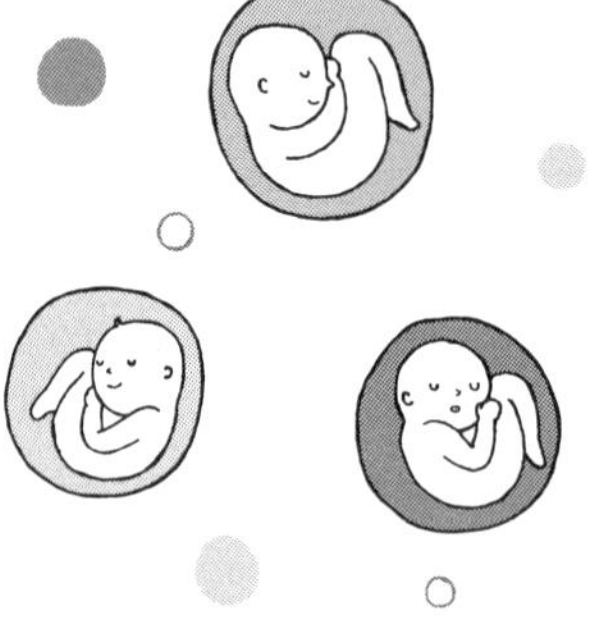

第4章　お産は胎児といっしょに

お産はお母さんと胎児の共同事業です

第5章　心を大きく伸ばすコツ

お母さんの思いを伝える子育ての秘訣

第6章　子育ての悩みQ&A

お母さんの子育ての悩み相談の実例

装丁・イラスト／霜田りえこ

第1章

子育ては感性の受け渡し

——感性の保護と干渉をバランスよく育てる

はじめに感性の察知力を育てよう

地球上で二十万年ほど繁栄していたネアンデルタール古代人が滅びて、いまの私たちの祖先のクロマニヨン新人類に引き継がれて五万年になります。

この長らく謎であった古代人衰退の原因が近年、古代人化石の研究から判明してきたようです。それは意外なことに、三半規管の機能低下が主な要因であるらしいのです。

私たちの耳の鼓膜から中のほうを内耳といいます。これは、外部からの音（振動）を伝え分析する蝸牛と、平衡感覚のセンサーになる三半規管で構成された一センチ余りの骨迷路という器官です。

古代人のこの化石は現代人に比較すると半分程度の大きさと分かりました。古代人は長い氷河期のため、この感覚器官が退化したのでしょうか。

三半規管が未発達になると運動能力が低下します。それは古代人の知能の未熟さにもつながり、氷河期のあとの気候の激変期に適応できずに衰退し、いまの現代人に席を譲ったといわれています。

実は、この平衡感覚の働きは、子どもの生き方のバランス感覚にまで影響を与えているのです。

自然と人とのかかわり、知能と心のかかわり、人と人のかかわり、知識と能力、体力と技能などなど、すべての生き方に「バランス」が要求されます。

私たちは長い間、思い込みの子育てを受け継がされ、疑うことなく実行してきました。ここらで振り返ってみましょう。何か失ったものはないのでしょうか。

子どもの人格は、心と知能と体力のバランスで作られていますが、いま、そのバランスが崩れかけています。

人格のバランス失調は、子どもの意志の弱体化につながります。子どもの心は、感性と性格と情緒の三つの要素で作られていますが、このバランスを計るのが、感性つまり察知力です。

心は、外部からのすべての刺激エネルギーを察知して育ちますから、はじめに「感性の育て方ありき」というわけです。

地球上に数十億の生命種が存在しますが、この感性の察知力の弱いものは生きられないのです。植物でも太陽の方向に枝葉を伸ばし、エネルギーを感じ受け取ろうとします。小さな一匹のミミズでも裏返しにしたら、クネクネと波うち表に返ろうと動きます。

自然がすべての生命種に与えた察知する力ですが、私たちはあまりにもこの感性を軽くあつかい、その育て方を忘れてすり減らしてきたのです。

「子どもを育てる」ことでまず大事なのは、子どもに生命力を受け継がせることではないでしょうか。この本で伝えたいのは、子どもに知識や才能、技術や能力を学習させる以上に、生命力のもとになる感性つまり察知力のはじめからの育て方です。


妊娠前、妊娠中、そして出産後の乳幼児のときの心の熟成期までの、四年間の周産期（医学的には妊娠二十八週から分娩後一週間）の育児が、子どもの人格形成に大きな影響を与えます。

子どもの心の育て方についてはこれまでの著書でたびたび伝えてきましたが、要素の「感性」「性格」「情緒」に与える刺激はそれぞれ微妙に違いがあります。

性格への刺激は周りの動き、つまり動作の力が大事ですが、情緒への刺激は皮膚接触、つまり肌の触れ合いの硬軟、冷温などが大きく影響します。

その微妙な刺激の差を感じるのが感性、つまり察知力といえます。いのちのはじまりに感性があるのは、自然の摂理なのです。

他の要素の育て方はあるていど経験則で伝えられてきました。しかし、もっとも大切な察知力の強化だけは、試行錯誤の繰り返しが続いてきました。自信のない子育てでは子どもは心の迷子になります。

小学五年生の男児を育てているお母さんから「近ごろ、子どもが勉強したくないとやる気を失い、部屋に閉じこもり困っています」という相談がありました。

確かに教育とは教え育てると書きますから、お母さんも教育に〝やる気〟の育て方まで期待していたのでしょう（このことは後半の章で述べてあります）。

つい百年ほど前まで、教育で知能も啓発し、心も育てていた時代がありました。しかし国際的に激しい近代化の波は教育の世界も揺さぶりました。社会の価値観の大転換でした。「効率的な知能を教える」が何よりも優先することになったのです。

そして、手間ひまのかかる「育てる」は、忘れられ片すみに押しやられました。そのツケはいずれ清算しなければならなくなるでしょう。

育てるとは、環境を整え、成長を待ち望むことからはじまります。つまり甘えの受け入れです。つぎによい成長の方向への誘導です。つまり干渉の仕方です。

この二つがバランスよく子どもに伝わるのが感性の育て方になります。ここはお母さんの独壇場です。

受精から受胎への受精卵の時期の感性は、お母さんの穏やかな心が生み出す、優しい振動で大きく育ちます。情緒の安定と話しかけ方の響きです。

また、とくにいま幼児を育てているお母さんに、気づいて頂きたいのは、私たちはどういうわけか、感覚器官は五感、五感と思い込まされて、中でも大事な六感目の平衡感覚の育て方を忘れていることです。

人間の平衡感覚というものは非常に大切なものです。しかし、なぜか身体的な平衡運動のみの役割に押しやられています。

生理学や耳鼻医学（三半規管）の専門家の方にお願いしたいのは、早急に、骨迷路や半器官の脳神経系が人間の心理へ、どのように影響を与えているかということを基礎から見直して頂きたいということです。まだ間に合うと思います。

お母さんは子どもの内耳の三半規管を強化する育て方をしてほしいのです。近年子どもたちの運動能力の低下が著しくなっているからです。

頭上で回る可愛い回転する遊具の動きを、赤ちゃんは目で追います。また、赤ちゃんの手取り足取りの遊ばせ方や、幼児期の遊び方に、もっと飛んだり跳ねたり回ったりを取り入れ、お母さんもともに遊びましょう。

これを繰り返すことで三半規管は発育します。それが、子どもの将来の心のバランス感覚や、運動能力の発達まで決めていくことになるのです。

ただ、極端な運動を無理じいしてはいけません。安全第一です。子どもがキャッキャッと喜び跳ねるような動き方に気を配りましょう。

縄跳びや一輪車乗りも平衡感覚を発達させます。お父さんが寝て足を上げて幼児を乗せての飛行機遊びも同様です。

お母さんや家族のみんなで、ともに身体を触れ合って遊ぶ機会を、ぜひ増やしてください。平衡感覚の発達は心身の自立に必要なバランス感覚の強化になっていきます。

自然から贈られた愛のエネルギー

若いお母さんが二、三歳の女の子の髪をとかしていました。気持ちがいいのか女の子はうっとりとお母さんに寄りかかっています。

そのうち「あらら、この櫛は歯が一本欠けているわ、ごめん、痛くなかった?」と、謝るお母さん。よくある微笑ましい風景ですね。

ここで、この櫛の話にからめて、子育てに大事な「性の領域の違いとその理由」を子どもにも伝えたいものです。

岐阜県神岡の地下にある東大宇宙線研究所のカミオカンデのデータからも分かりますが、私たちは、毎日アメアラレと降る宇宙線にさらされているわけです。

当然、私たちの全身をつき抜ける宇宙線は、人の三十億対のDNAを傷つけ欠かしています。私たち人の設計図はみな櫛の歯が欠けるかのごとく、あちこちが欠け落ちているのです。

ですから元々の完全な遺伝子があるはずはありません。つまり人はそれぞれ欠損DNA

を持っているということなのです。

自然はこの欠けたＤＮＡを別の欠けたＤＮＡと組み合わせることで、よりよき遺伝子として伝え残すために、男女の性の違いをつくりだしたのでしょう。

それがお互いに補い合う関係となって、男女の愛の大切さを生みだしたのです。性の違いこそ人の進化への最大の贈りものでした。

母性が受精をして卵分割をするとき、よりよき形のＤＮＡとして再び組み立てられているわけです。すぐれた異性同士が引き合うのは自然の摂理でしょう。それは愛のエネルギーという強い力が働くからです。

でもなかには、単細胞のゾウリムシなどの無性生殖生物で、数億年も進化から取り残された生物もいます。自然は見放すこともあるようです。

愛はすべての生物に自然に与えられた心の作用ですが、心を素直にバランスよく育てなければこの愛も歪んでいきます。自然な男女の愛は、常にお互いが補い助け合うものとして、エネルギーの補完をする作用にあるのです。

古くから血縁同士の婚姻をタブー視していた慣習は、ある意味では、自然のこの摂理を経験則で気づき、ＤＮＡ欠損の重複を避けようとした知恵だったのでしょうか。

男女の愛をテーマにした物語は数限りなくあります。単純な好き嫌いから、政治がらみや複雑な計算づくの愛やら、悲恋や失恋、心中物語など文学の中だけでなく、実社会の中でも多くみられます。

ただ心ない愛は作用が長続きしないので遠からず覚めます。いずれにしても愛のはじまりは感性の領域です。

よく、子どもが異性を紹介したとき「どうしてあんな相手を選んだのか、けしからん」と嘆き怒る親の話を聞きます。

でも、そのような相手を選ぶ感性を、実は両親が育てたとは思い当たらないようです。実際に子どもの将来の異性観は幼児期の感性、つまり察知力の育て方で方向づけられているのです。

なにごとにしても、子どもの好き嫌いのパラダイムは両親が手本です。結果として子どもが決めた相手は、実は両親のものさしで決めたことになるのです。

それだけに子育てにおいては、心して感性の受け渡しをしてほしいものです。

心の要素の土台になるものが感性ですから、ここをしっかり育てないと性格や情緒が安定して育ちません。感性の育て方は後々の項に詳しく述べてあります。

また愛にも親子の愛や、きょうだいの愛、また友だち同士の愛など多くの領域がありますが、本質は変わらないものです。

お互いが必要とすること、いのちを守り合うこと、信じ合うこと、この三点が心の原点にあって行動するのが自然の愛でしょう。

いずれにしても真実の愛は、自然から大きなエネルギーを与えられているのです。当然いのちの生死を左右するほどの力を持っています。おろそかにしてはなりません。

人だけでなく多くの動物も、愛する子どもを救うためなら進んで自分のいのちを捨てています。とくに高等な教育を受けていないイヌやネコでもです。

自然はその心の作用を、いのちの生きる強いエネルギー、愛として与えてくれました。

子どもはときに男女の役割をお母さんに聞くことがあります。当然、社会的な人間としての権利義務などにおいて、まだまだある差別は認めさせないように伝えましょう。

ただ、自然に与えられた男女の心身の違いは確かにあります。女の子には特性の心身と感性。また、男の子にも特性の心身と感性があるのです。

しかしたまたま他の動物などを例として、的はずれの性差をいう人がいますが、あまり当てになりませんので要注意です。

百獣の王といわれる雄ライオンの話などその一例です。雄々しいたてがみに巨大なアゴと牙。十数頭の雌ライオンを従えて小山の上から周囲を見下す。

一見、ヒーロー風ですが、見方を変えると、雌ライオンが捕獲した食べ物を与え、群れの保護と見張り役をさせています。それで雄ライオンの体調が弱り、目も利かなくなると、たちまちあっさりと群れから追放されます。

雄ライオンの役割は雌ライオンの集団が実権をもって決めているのです。

「八匹も生まれた子ネコの一匹を、友人にあげたところ翌日には自宅に戻っていた」と、あきれていた人がいました。なにしろ友人宅は自宅から一キロも離れていたのにという話。たぶん子ネコの泣き声を母ネコは聞き回って探し出したのでしょうか。

長い長い生物の歴史の中で、自然はそれぞれに特殊な感性も与えているようです。

このような男の子と女の子の心身と感性の違いなどを素直に受け入れて、子育てに応用したいものです。

「刺激による子育て」においては、一般的な六感への働きかけをするということは当然ですが、それにプラスアルファとして男の子には視覚からの刺激を多く与えることが効果的です。

つまり男の子には絵本や絵物語など〝目にものを見せる〟育て方がいいのです。

また女の子には聴覚への刺激を多く与えることが効果的です。お母さんが添い寝をして童話などを〝寝物語〟で聞かせると感性がよく育ちます。

お母さんも、男女の感受差を生かした子育てをしていきましょう。

出会いのときに子育てははじまる

あるときの子育ての講演で、若いお母さんから「子育てはいつからはじまるのですか」

と質問がありました。
「実は、子育ては好きな異性と出会ったときからはじまっているのです」と応えたところ、参加者全員が、「ええーっ」と大きな声を出して驚いていました。

東京地区で有名な青梅マラソンは、毎年参加者が増え一万人を越えています。号砲と同時に「わーっ」という嵐のような歓声でスタートをきります。はじめは元気いっぱいで、途中の折りかえし点あたりでは半数はよたよた、ゴール前ではほとんどのランナーがふらふらと、やっとたどり着くといった状態です。

以前、受精直前の精子の集団行進の録音を聞いたことがあるのですが、特殊マイクで収録された「ゴーッ、ゴーッ」という凄い音響が聞こえました。まさに台風が通過するような響きです。

これは二億五千万余の精子の大群が殺到する、文字通り生死を掛けたマラソンです。聞く者を圧倒させるけなげさに心うたれました。

数ミクロンの精子には、二、三十センチの長さも膨大な距離です。必死でたどり着いた卵管膨大部で、目的の卵子と出合えれば幸運です。

卵子はその響きを感性で察知し、絨毛を開き受入態勢をとります。精子はその場所を探し察知して卵子内に突入します。感動のゴールの受精です。


いまの小、中学校の性教育もここまでは伝えてくれるでしょう。ただ、この後が問題です。性器の形や使い方とか、避妊法や性感染予防などに偏り過ぎています。

もっとも大切な理想的な妊娠の仕方がすっぽりと抜けているのです。

健康な成人の男女が好き合って、性行為をすれば自然の成りゆきで妊娠する。だから妊娠法など伝える必要はないというわけでしょうか。


しかし、なにごとにもグッド・タイミングの時期があります。エネルギーの自己補給ができない精子や卵子は、放出されたときから生命エネルギーは消耗していきます。

卵子は四十八時間、精子は百二十時間ほどで消耗しきってしまい、「使い切り」の状態となってしまいます。

成りゆき任せの偶然妊娠では、放出後四十七時間目の弱った卵子と、放出後の百時間もたってくたびれはてた精子とが出会い、受精することもあるのです。
受精行為は計画的にきちんと選んでしたいものです。つまり百パーセントの生命エネルギーを持つ卵子と精子の出会いが、愛の結晶を生みだすのです。

スーツを一着買うにしても、またはアクセサリーの購入にしても、何軒かの店を探し、選びに選んで気にいったものを買い求めるはずです。
何よりも大切なものであるはずの「子ども」を衝動買いみたいなことをしてはいけません。

基礎体温の測定をされたお母さんは多いと思いますが、多少面倒でも排卵時期を知り、その時期に受精行為をされて、計画的妊娠をしましょうということです。
こういったことで厚生労働省の人口動態調査の統計にもある、「毎年、出生数の三パーセントを前後する異常出産や流産の多発」も、多少は減少するのではないでしょうか。

受精後数時間で受精卵は、急激に細胞増殖と卵分割をすすめながら、着床運動に入ります。すべては受精卵の感性の働きです。

そして適切な子宮内の場所を探り着床します。この着床と胎盤形成までが、受胎の大切なプロセスですが、ほとんどのお母さんはこの時期を気づかず過ごしています。お母さんが計画妊娠をされたなら当然、想定内のことですから慎重に行動しましょう。この一週間を、子どもの感性を大事に援助するのが子育ての原点になります。あまり神経質になる必要はありません。普通の生活態度でいいのです。ただ精神的な面でのトラブルは避けましょう。キーワードは〝穏やか〟にです。

このような計画的受精をされる前の、お母さんの健康維持は当然のことですが、ここで案外見逃されるのが口腔衛生です。虫歯の治療などは早めにしておきましょう。妊娠してからでは胎児に影響がでます。

また、タバコについては、妊娠に気づいてから止めるのでは少々遅いので、計画を立てたらこれも早めに止めたいものです。

だいたいが受胎八週ほどで妊娠が確定されて、妊娠告知がなされます。一般的にそれ以降の〝妊娠中の心得〟などは、健康管理の運動や食養、嗜好品の中味まで、ことこまかな山のような情報が溢れています。安心して過ごしましょう。

仲よくしようと仲間入りのつわり

お母さんが受胎して胎芽となって一週間。さらに胎児に成育して六週目に入ると、ほとんどのお母さんは重い軽いは別として、つわり症状という不快感におそわれます。まず、食べ物の好き嫌いが変わったり、匂いや味に極端に敏感になり食欲不振になり体調が悪くなります。しかしこの状態は妊娠十六週を過ぎるとけろっと回復するものです。

私たちの心身は約六十兆の細胞で作られていますが、その細胞はそれぞれ意志を持って役割をはたしているわけです。

中でも強いのは、体内に異物や細菌などが侵入すると、追い出したり食べてしまうガードマンの役割を持つＮＫ細胞です。これは免疫の仕事を請け負っています。

胎内に入った精子は、当然異種生物ですから、はじめはガードマンのターゲットにされてしまいます。自然はそれを胎児自身に解決させています。

胎齢八週にもなると、胎児は、この拒絶反応を防ぐＨＬＡ抗原体、免疫抑制ホルモンを胎盤を通じ遺伝子交換で手に入れていきます。

これは新しい住所に引越ししたときの、仲間入りのエールの交歓会のようなものですね。自然は人に六十兆もの細胞を与えています。それぞれが意志を持っていますから大変です。わいわいがやがや意見の交換で大騒動でしょう。

受精した卵子を偵察した細胞の報告で、敵だ、味方だ、いや半分仲間ではないかと、意見が別れます。これが細胞質の自他認識の関所ですね。


ここで胎児が遺伝子交換で手に入れた〝手土産〟である免疫抑制ホルモンが配られます。ここまで気配りされたら、ま、仲間にしてあげるか、で、やっと受け入れられます。ずいぶんと日数もかかることですが、これをいいがげんにすると危険だからです。

また、つわり症状の重いときの治し方も、いろいろ伝えられています。アロマテラピーでの白い小菊を嗅げばいいとか、ヨーガのトカゲのポーズが効くとかいわれていますが、どれももう一つで効果的とはいえません。

やはり自然の生理現象ですから、細胞の意志を尊重して自然にまかせ、癒される時期がくるのを待つのが最善のようです。

こうして胎齢十六週にもなると胎児は、お母さんの各細胞とも仲よくなり仲間意識もできます。さらに多くの胎内ホルモンのコントロールもできるようになってきます。

実際に胎児は驚くほどの能力を持っているのです。お母さんの情緒や体調の安定までも胎内から手助けできるのです。なにしろ自分の生死もかかっているわけですから。

そこで胎児とお母さんのコンタクトが大切になります。詳しくは後の章に書いてありますが、なにより胎児の力を信ずることからはじめましょう。

もともと、自然はお母さんと胎児に大きな力を与えてきました。妊娠、出産、子育ては決してお母さん一人でするものではありません。

受胎から妊娠と分娩は胎児との共同事業です。また誕生後は、子どもといっしょに子育てをするものです。それが自然です。

胎児も赤ちゃんも乳幼児も、言葉は未熟でも意志は伝え合えます。お母さんはそれをしぐさと動きからも受け取ります。その話し合いから子育ての方向を決めるのです。

受胎してはじめてのお母さんとの意志の交流が、つわり症状という形でできていると受けとりましょう。また妊娠十六週を過ぎてからは胎動という言葉で話します。

ただ、中にはつわり症状の軽いお母さんもいます。これはお母さんの体質の違いだけとはいえません。まったく健康でも重い人もいますし、そうとう病弱な人がつわり症状のあと、見違えるように元気になったという場合もあるからです。

このように、子どもは成長の中で絶えずシグナルをお母さんに送っているのです。

子育てでもっとも大切なのは、声に出ない子どもの〝しぐさの言葉〟までも、一つひとつお母さんがしっかり受け止めてあげることではないでしょうか。

子どもは、胎児でも乳幼児でも決して未完成の大人ではありません。自然はそのとき、そのときの成長に応じて、全能力を与え完成させているのです。

お母さんの強い味方は自然力

感性によって受精した受精卵は、女性体として着床し受胎します。その四週間のあと受精した精子の性因子のＹ・Ｘにより、男、女の性に別れるわけです。つまり私たち人のもともとのはじまりは、すべて女性体であるということです。

そしてY性染色体で男性化されると、不要な女性体の特性は取り崩されてしまいます。自然はこのように母性主体の生物体系を作りあげています。それだけに、女性には男性にない多くの特性を与えています。

この「いのちのはじまりは、すべて女性体であった」という大切なことを、子どもに伝えましょう。このことは、どこでも伝えていないからです。女の子はそのままでも女の子ですが、男の子はあとあと男の子になります。つまり意識して男の子として育てましょうということです。

なにしろ二百八十日母胎内で女性ホルモン漬にされていたわけですから。

ただこのことは純粋に生物生理のこととして伝えていってください。けっして女性優位とか男性優位とかの話にこじつけないようにしてください。

「元始、女性は太陽であった」とは、著名な女性解放運動家の平塚らいちょう氏の言葉ですが、文字通り元始もいまも女性がはじまりでした。

いのちを育み、子どもを育てることは、なみたいていの事業ではありません。心理的に肉体的に大きな負担を強いられる作業です。

それには強力なサポートが必要です。自然はそれらを用意してくれました。母性を支え子どもを守る強い心身と特性です。

私たちの心といのちは感性によって、育ってきました。その大きな力は細胞同士の連携からはじまっています。それは自律神経という、正、副の交感神経を生みだし、心身を維持しています。

自動車でいえばアクセルとブレーキのようなものです。

細胞の感性で察知した刺激のよし悪しを、膜動輸送（サイトーシス）で、脳幹に送ります。対応して脳は全身の各器官に、必要なホルモンを補給する指示をだしています。

つまり頭脳は、感性に従う記憶装置とホルモンの再配分器官ということになります。それで私たちの心とは、全身の細胞膜に蓄えられたエネルギーのつながりとも考えられます。例えば、町の運動会で大勢の人々が集まり、一本のロープに力を結集して綱引きをしているようなものではないでしょうか。

この細胞（cell）の個々の意志については、免疫細胞の働きを見ればよく分かります。何かで細菌などに犯されると、たちまち免疫細胞が寄って集って細菌を食い殺したりします。べつに頭脳からの指令など待っていませんね。

また受精卵の分割増殖なども各細胞の原生記憶で行われています。さらに着床し胎児として成長のプロセスは、生命進化三億年の記憶どおり正確にたどります。

これは各細胞の記憶と感性の共同作業ともいえるのではないでしょうか。


このような原生的な潜在記憶は多くの生物の行為でも証明されます。魚のサケなどが成長したあと生まれた河川に戻り産卵したり、卵から孵ったばかりのウミガメの赤ちゃんが、手足をふりまわして慌てて海に帰ることなど、誰も教えたわけでもありません。

なかでも有袋類のカンガルーの赤ちゃんの行動は驚きます。一カ月の未熟児で出産します。大きさは四センチほどで目を閉じたまま生まれます。赤ちゃんは自力で母カンガルーのお腹の袋まで、一メートルもある距離を這い上がり中に入ります。

これは、いのちは生まれる前からすでに〝感性〟が伝えられ、それを持って生まれてきたと考えられるということになります。

さらに複雑に進化した私たち人は、もっと多くの感性を実は受胎以前から持ってきていると思うのが自然でしょう。

感性はいのちを伝えその細胞のすべての記憶まで伝えているのです。私たちは素直にそれを受け止め次代に渡す使命があると思います。できるだけ磨いて……。

この大切な感性のとくに女性の特性となるものが、触覚（体性感覚）という肌の受容体です。女性の肌は自然にしっとりと柔らかくツルツルしています。

それは微妙な刺激まで感じるようにきめ細かくソフトにつくられ、肌の触感の受容体のパチニ小体の数も男性よりはるかに多いのです。

さらに対応するホルモンの質と量は、これまた男性より二十パーセントも多いのです。自然はそれほど母性本位の生物体系をつくりあげているのです。

私たちは普段、なにげなく朝に目が覚め食事をとり、働き、夜になると眠くなり休みます。

これは自然に与えられた波、バイオリズム（bio-rhythm）という生体の自己保存の働きです。実はそれとはべつに心身の活性と沈静の波があります。

それがキャラクターリズム（character-rhythm）という性格や情緒の波です。とくに女性はこの波が男性と比較すると、特徴的なものがあります。

女性の白体ホルモンのエストロゲンは、卵胞期に心身に影響し心身の高揚作用がありま す。つまり女性はこの時期に新しいことなどはじめると成功率が高くなります。スポーツの女子選手などがこの時期に多く新記録を出している人もいます。

また排卵後の黄体期のプロゲステロンは、反対に心身の沈静作用がありますから、休養や精神の安定に役立ちます。

この時期はだいたい二週間おきのリズムになります。これも自然が母性だけに与えた特性ともいえるものです。

お母さんは自分自身のこのリズムを知り、大いに活用されるといいでしょう。これは妊娠や出産、子育てだけではなく日常の生活全般に応用できます。しかもこのリズムは多少の差はあっても生涯にわたって続くものですから。

第2章

胎内育児は情緒の安定から

――やさしい刺激で情緒と性格を方向づける

六感覚でコミュニケーションを

私たちは長い歴史の中で多くの子育てを繰り返してきました。しかし、いつの時代でも両親の子どもへの願いは同じ思いでした。

それは「聡明で、やさしく、健康で、やる気満々な子に育ってほしい」といったものでしょう。そのために子育てのはじまりの胎内育児（胎教）の大切さも伝えられてきました。

この胎内育児のあり方を史実で見てみましょう。

約二千二百年前の中国の古典医学書の「黄帝内經素問《こうていだいけいそもん》」の中にも「胎病は、母親のおなかの中にいたときに、母親が大いに驚くことに出遭うと、胎児の精気が頭に上がりっぱなしになる…」と述べてあります。

また、中国をはじめて統一し、世界遺産として有名な中国の万里の長城を築いた、秦の始皇帝のお母さんも、妊娠中に胎児の始皇帝のため音楽堂まで建てて胎教につとめた、という伝説も残っています。

このような胎内育児が日本に伝わったのは奈良時代、仏教や儒教の伝来に重なってのものと思われます。ただ当時の胎教の内容は、道徳や宗教面への偏りが強く、主に貴族階級の母親たちの中で特権的に実行されていたようです。

周産期育児では、子育ての大切なはじまりとして、とくに、この胎内育児（胎教）を重視し、自然科学からのアプローチをしてきました。

子どもの心の子育てに大事な、三つの要素、「感性」と「性格」と「情緒」の胎内育児での育て方を少し詳しくみてみましょう。

心の要素は、すべて外部からの刺激、つまり「保護と干渉の刺激の質と強弱」で育ちます。もともと生物のいのちははじめから、この要素を継承してきているわけです。それは植物にも動物、昆虫にもあるものです。

細胞（セル）に心ありということですね。ミクロン単位の微細な膜に包まれた一つひとつのいのち。その膜にすべての秘密があります。

分裂増殖するための養分の判別と吸収など、膜の感性と性質の力です。また外部環境からの刺激のよし悪しも膜が判断しているのです。植物が季節を感じとり、花や実をつけるのも、また、太陽に向かい光合成でエネルギーを受け入れるのも、すべてセルの膜の感性の力です。べつにどこかの頭脳の指令で動いているわけではありません。

よい子育てとは、このセルの膜の強化と質の向上にあるのではないでしょうか。

妊娠して八週目にもなると胎児は、もともと持ってきた感性が個性体意識として連携して胎児の意志となりはじめます。

このころの感性は外部からの振動刺激によって育ちますが、ただよくいう胎教音楽など、母胎外部からの振動音は胎児にはとどきません。お母さん自身の情緒や心の安定には役立つので、間接には胎児のためにはなりますが、直接には胎児の皮膚や耳には響かないのです。

胎児の育っている子宮内は、外部の影響を受けないように卵膜、羊水、子宮内膜、筋肉層に筋膜、腹膜、脂肪層に皮膚層など七重以上のバリヤによって、自然にしっかり守られているからです。

そのとき胎児の感性を直接に刺激するのは、お母さんの動きと声と胎内環境です。胎内環境の一つの音については、よくお母さんの心音を胎内音と誤解する向きがあります。間違わないようにしてください。

胎内音はまずザーッという血流音と、ギシギシという骨盤のきしむ音、ブツブツという腸内を移動するガスの音、そしてドーンドーンというお母さんの心臓の拍動音など複雑な音がオーケストラのようにハーモニーしています。

この胎内音は、お母さん自身の心の状態で絶えず変化しますから、心の状態を穏やかにすることが大切です。心してください。

つぎはお母さんの声の影響です。胎齢十二週にもなると胎児の聴覚も働きだします。それまでの皮膚感覚で聞いていたお母さんの声を、もっとはっきり意識して受け止めるようになります。お母さんの呼びかけや話しかけを待つようになります。

まず愛称を名づけましょう。「おなかの赤ちゃん」では愛称になりません。マーちゃんでもチビちゃんでも固有の名をつけます。それは、誕生まで同一の愛称で通しましょう。そして、「マーちゃん、お父さんとお母さんのところに来てくれてありがとう、いっぱい愛してるよ、元気で育ってね…」と伝えます。

また、日常的な話しかけも大いにしましょう。「マーちゃん、いまからコンビニにお豆腐を買いに行くのよ…」という具合です。

穏やかな胎内環境と、やさしいお母さんの話しかけの振動音が、胎児の感性を大きく伸ばす、すばらしい刺激になるのです。感性はソフトな振動で育ちます。

この話しかけの言葉は、胎児には意味よりもお母さんの声の調子、イントネーションが大事です。つまり〝ねこ撫で声〟的なやさしい語調がいいのです。

おなかの中で胎児は耳で聞くというより、肌の体性感覚で振動として受け取っているからです。

それがもしも不快なヒステリックな振動ですと、感性の受容体を閉じ受取を拒否しようとします。不快な振動は細胞膜を弱体化するので自然に防衛するのです。

これは乳幼児への話しかけにも同様で、やさしい振動が感性を伸ばすということです。

お母さんの身体の動き方で胎児も動きます。お母さんがギスギス動くと、胎児もギスギス動かされます。お母さんが優美に丸く丸く動くと、胎児も優美に動かされます。コセコセ動くと胎児もコセコセ動かされます。

月の引力が地球上のすべてのいのちへ強力な影響を与えているように、お母さんの動きは胎児に摂動となって影響します。

妊娠中のお母さんの優美な丸い動きは、すてきな刺激の引力となって、胎児の性格を強くやさしく明るい方向に誘導します。

この丸い動きは、ほとんどの幼児の遊戯などに取り入れられています。とくに日本舞踊には必ず入っていますね。それが自然の動きだからです。

自然界の大きな動きはすべて丸く動いています。直線的な動きは不自然といえます。

おなかの赤ちゃんは、このように六感の触覚、聴覚、嗅覚、味覚、平衡覚、視覚のすべてを総動員してお母さんからの刺激を待っているわけです。

お母さんも胎児の全感覚へのコミュニケーションを心がけてください。

胎内育児は家族もいっしょに

全国のお母さんからの子育て相談の中で、とくに多いのがきょうだい仲のことです。「二歳と四歳の男の子のきょうだいですが、どうしてか仲が悪く、なにかといえば取っ組み合いの大げんか、ついには弟に兄が馬乗りになってボコボコにします。いくら注意しても聞きません。どうすれば直せますでしょうか」

といったものです。

実際に子育てで、お母さんの悩みの二十％がきょうだいの育て方のことです。この問題は適切に対応しなければ、多くのお母さんたちの不安は解消されません。

きょうだいを育てるとき、もっとも注意したいのは上の子への対応です。

十日ほど産院にいたお母さんがある日突然、赤ちゃん連れで帰ってきました。上の子はびっくり、がっくりです。周りの人々も赤ちゃん中心で上の子はのけ者になります。

下の子が生まれたときの対応は、だいたいがこのような情景になっているのが多いようです。

これでは上の子は寂しい疎外感を持ち、下の子に母親を取られたとライバル意識を抱くようになります。その思いがあとあとまで残るのです。

よい胎内育児（胎教）をお母さんがされるならば、はじめからお父さんも、そして上の子がいればその子も必ず参加してもらいましょう。

感性のするどい上の子は、お母さんが妊娠して八週目で気づく子もいます。お母さん自身もまだよく分からないときにです。

これは妊娠でお母さんの体臭が変化したのを、感じたせいと考えられます。すると〝赤ちゃん帰り〟などを起こします。妊娠が分かったら早い時期に上の子に知らせて子育ての協力を頼むのです。

「〇〇ちゃんよかったね、弟か妹がおなかにきてくれたのよ、元気で産まれるように、お母さんの手助けをしてね…」という具合にお母さんから頼むのです。

上の子は、たとえば二歳でも、お母さんに頼られると自信と愛情が育ちます。それが産まれる下の子とのきょうだい仲を、よりよい方向にしていくキーワードです。

とくに妊娠十二週を過ぎましたら、お母さんのおなかに上の子の手を当てささせ、実際に手助けさせます。「〇〇ちゃん（愛称）元気かい、ボクお兄ちゃんだよ、早く産まれてね、待っているよ…」と呼びかけさせます。この待つ気持ちが大切です。

お父さんの呼びかけもそのようにしてもらいます。手を当てなければ胎児によい振動として伝わらないからです。

お母さんの声だけはひそひそと話しても、胎内には振動として胎児に伝わります。だからとくべつ大声をだす必要はありません。

上の子がいたら、ぜひおなかの赤ちゃんと対話させましょう。

また誕生後のきょうだいの育て方についてはあとの章にも書きますが、乳幼児のときからお互いに助け合う必要性を作ってあげることが、仲のよいきょうだいを育てるコツです。

人の細胞はそれぞれ固有の振動数があって、共振して増殖成長しています。その固有の振動数がもっとも近いのが家族関係です。それだけ家族やきょうだいの胎内の胎児への呼びかけは、より効果的に伝わるのです。

はじめはミクロン単位の受精卵が、誕生前には四キログラム前後までも大増殖します。そのあいだ数百万回の分裂増殖を繰りかえしていきます。そして卵細胞の持っていた感性と性質と潜在記憶を、つぎつぎと受け渡しているのです。

大切なのは、人の成長の中でこの妊娠の時期ほどの大変化は、他にはないということです。それぞれの細胞の置かれた環境の刺激がよければ、持ってきた感性と性質に影響を与え記憶に加えます。それが次の分裂増殖につながっていきます。

つまりすぐれた潜在記憶を多く持った細胞が大増殖されるわけです。

生まれて数週間の赤ちゃんが、なんのあやしもしないのに一人でニコニコ笑顔を見せることがあります。この潜在記憶からの思いだし笑いです。

潜在記憶は遠くは生命発生の原始時代にまで遡るのですが、その昔は私たちには知るよしもありません。

ただ形質の記憶はいまでもはっきりと形に伝わっていることは分かります。受精卵が分裂増殖をはじめ、胎芽から胎児へと成長する過程で、その原始形態からの大変化を数週間の間に見せてくれます。細胞に記憶と意志はあるのです。

近ごろは子どもたちの中にも怪獣マニアが増えていますが、多分マンガやテレビ映画の影響もあるのでしょう。もともと一般的にはハ虫類は毛嫌いされていたものですが、ヘビやトカゲやクモ類までペットにしている人もいるそうです。

私など小さいときから、ムカデのような多足類が大嫌いで、いまでも肌に触れたりするとゾーッと鳥肌が立ちます。よくいう虫が好かないということです。

これなどきっと原始時代の祖先がひどい目にあったことを警告として原生記憶として残したのではと思います。

巨大なハ虫類に人々が本質的に恐怖を感じるのも、数百万年前に肉食恐竜に追い回された中で生き残った、私たちの祖先が後世の人々への警告として記憶の中に組み込んだものではないでしょうか。

細胞は分裂増殖を繰り返しても意志と記憶を伝えているのです。

胎内で分裂大増殖をし成長している胎児に新しく伝えるべきなのは、このような原始からの恐怖の記憶ではなく、やさしい愛に充ちた穏やかな環境です。胎内育児でもっとも大事なのは、細胞群の潜在記憶に生きる喜びと楽しさを加えることでしょう。

温かい穏やかなお母さんの海

二十年ほど前になりますが、お母さんたちと一緒に胎内育児（胎教）のセミナーを開きました。そのときの講座名はマーメイドセミナーです。

妊娠して十二週にもなると、胎児は子宮内で宇宙飛行士の船外活動のように臍帯を命綱にフワフワと移動します。子宮内の宇宙は羊水（羊膜液）で充たされています。その生理食塩水に似た液は原始の海ともいえるものです。

そこで泳ぎ漂うのはまさに伝説のマーメイド（人魚）だと思いセミナー名としたものです。

お母さんの胎内で育つ胎児は、胎盤からの臍帯でいのちの補給つまり血液や酸素、栄養分を与えられ成長しています。そしてこの原始の海の穏やかな流れと、温かい質のよい羊水で守られて、個生命体としての感性、情緒、性格が形づくられています。

この臍帯血や羊水や子宮内膜の質の良し悪しが胎児の置かれる胎内環境ですが、当然、これはお母さんの情緒の安定と大きな関係があります。

日常の感情の起伏が血液の質と分泌液でつくられた海の質、また胎児の触れる子宮内膜の質に微妙な変化を与えます。

つまりお母さん自身の情緒の安定が、胎内育児の重要なはじまりということになります。お母さんの感情が高ぶり激昂したりすると、臍帯血液は酸欠化し分泌液も悪化して胎児は苦しみます。また胎児の肌に触れる子宮内膜も荒れて胎児を怯えさせます。

著名なドイツの作家ゲーテ（Goethe）が自然科学論の中で述べているように、妊娠中の母と子は、まさに「一心同体の関係である」のですから、お母さんの怒りはおなかの胎児を怯えさせ、お母さんの悲しみは胎児を泣かせているのです。

とはいってもいまのようなストレスだらけの社会で、妊娠中の四十週間も感情を荒立たせないで生活はできそうもありません。よほどの聖人でないと無理な話ですね。そこで気分転換が必要になるのです。妊娠中は一人ではないと気づきましょう。

胎児に愛称を名づける意味もここにあります。すごく腹立たしいことに出会ったとき、まず一息ついて胎児に「〇〇ちゃん、ママはいま頭にきているの、どう思う?」と問いかけます。そうすると胎児は必ず応えてママの怒りを静めてくれるのです。

これは自然が胎児に与えた胎児力の働きです。胎児は胎内でお母さんの内分泌ホルモンのプロゲステロンを呼びだして、お母さんの怒りを治めてくれるからです。またお母さんが、なにかで悲しみに沈むときはエストロゲンを引き出し元気づけます。

この力は自然がすべての弱いいのちに与えた生命力です。でなければはいのちの継承ができないで種が滅びるからでしょう。


胎児は自分自身の生きるためにもお母さんの体調を整え、胎内環境をよくしたいと働いているのです。

そのあと気分が治まれば「〇〇ちゃん、びっくりさせてごめんね」とおなかに手をあてて胎児にあやまります。それで赤ちゃんの気持ちも治まります。よくいうお母さんと胎児のコンタクトはこういうときにも必要なことです。

このお母さんのやさしさは立派に胎児に伝わり、ながく子どもの潜在記憶に留まるものです。これは別にオカルト的なものではありません。自然科学の中にあることです。

またこの胎内の海の状態は、お母さんの日常の食生活や趣向食品の取り入れ方にも影響されます。中でもコーヒー、酒類、タバコなどです。

これらはお母さんの胎内に入ると約二秒で海の質を変えます。とくにタバコは臍帯の血流まで悪化させ、胎児の発育に悪影響を与えるのです。できれば妊娠以前から止めてほしいものの一つです。

つぎに胎児の肌が直接触れる子宮内膜の影響です。ふだんはやさしくツルツルとして胎児を守り包んでいます。

皆さんも交通事故直前とか、ゾーッとしたときには肌が一瞬鳥肌になった経験はありませんか？　じつはその鳥肌は内臓全体にもでているのです。当然、子宮内膜も鳥肌となりブツブツと変化して胎児の肌を刺激します。

すると胎内の環境は悪くなり胎児は怯え萎縮します。とくに重ねてお母さんが情緒的に不安定な状態が継続すると、子宮は収縮し胎児を締めつけます。

胎児には恐怖の連続です。このようなお母さんの情緒不安は、できるかぎり続けないようにしましょう。

妊娠中の四十週の間、だいたいのお母さんがこのような情緒の波がよい悪いを繰り返しています。問題はその波の高さです。極端に走らなければ前記のようにはならないので、お母さん自身も情緒のコントロールをして波を穏やかにしたいものです。

厚生労働省の人口動態調査のデーターでも異常産は増えています。そのほとんどにこの海の荒れ（羊水汚濁）の医師の所見が見られます。

妊娠中のお母さんの体の不調、食養の不全と情緒の不安定が多くの事故を引き寄せているのです。

四十週は長いようですが、子どもの一生を考えればわずかな時間ではないでしょうか、ぜひ妊娠中のお母さんは心からの節制をお願いしたいと思います。

また子育てでよくいわれるのが、お母さんと子どもの「スキンシップ」（なにか意味不明の和製英語？）のことですが、肌の触れ合いなら「タッチング」というのが本当かと思います。


周産期育児では、当然、タッチングによる子育てをお母さんに勧めています。

母と子の肌の触れあいでもっとも理想的な形がこの胎内環境です。赤ちゃんの誕生後は肌着から羽根布団と育てる環境に気を遣うお母さんが、どうしてかこの胎内育児のよい海の環境づくりにあまり気を配りません。

お母さんのちょっとした心づかいで胎内環境は大きく改善されます。よい胎内育児をされて誕生した赤ちゃんは明るく丈夫で育てるお母さんを楽しくしてくれるのです。

お母さんの願うイメージを贈る

妊娠したと判明したとき、お母さんはおなかの赤ちゃんにいろいろな夢と期待と願いをもちます。健康で明るい性格、美しくハンサムで賢くやさしい子に育ってほしい、といった願いですね。お母さんのその願いを直接伝えましょう。

昔から〝美人で聡明、強い意志とやさしい性格〟を子どもに期待するのは、多くの両親の思いでした。

よく考えるとずいぶん〝虫のいい〟願いなのですが、このイメージの送り方を知って実行してみましょう。案外に大きな効果があるものです。

胎内の赤ちゃんとお母さんは一心同体です。ですからお母さんの心の考えや体調、生理反応も同様につながっています。お母さんが怒れば赤ちゃんも怒り動きます。お母さんがおなかを空かせれば赤ちゃんも空腹で飢えてきます。

またお母さんが心穏やかにリラックスしていれば、赤ちゃんは心豊かに手足も楽にして眠り成長します。

また、お母さんの赤ちゃんへの夢や希望を願うのも自然におなかの中に伝わります。心拍音が複数あるからといって決して異心他身ではありません。

もともと自然界の生物はすべて胎内育児（次世代保護胎教）を行っているのです。例えば、有袋類のカンガルーの赤ちゃんは早産状態で産まれます。四センチほどの小さな未熟児が、お母さんの下腹にある袋まで一メートル以上の距離を這い上がります。その袋の中に乳房があるからです。

文字通り必死で乳首を探しだし吸飲します。それから約半年間、十数キロの大きさになってもまだ袋にしがみついています。

これなど本能という人もいますが、それよりお母さんが胎内育児で伝えたイメージの力だと思います。

カンガルーのお母さん自身が誕生後このようにして生きぬいてきたと、胎内の胎児にたびたびイメージとして伝えてきた使命感のためではないでしょうか。

当然としてお母さんカンガルーの卵細胞の持つ原生記憶も伝わっています。

しかしそれよりも、胎内育児でより大切な新しいプラスアルファとして潜在意識に胎内記憶を加えているのです。

以前、上野動物園の朝倉園長から丹頂鶴の〝卵胎教〟の話を伺ったことがあります。

母鶴が抱卵して産まれたヒナは人を見るとサッと母鶴の羽毛の中に逃げ込みます。抱卵中に母鶴が卵を回転させ肌で伝えた危険予知力です。ところが電子孵卵器で孵したヒナは人を見ても逃げず誰にでもすぐに捕まるそうです。

人の赤ちゃんは、さらにより複雑な原生記憶も伝えてきています。なかでも母胎の妊娠中のホルモンの微妙なコントロールなど、自然が与えた胎児力のすばらしさは感動的でもあります。

さらに分娩時の五段階にもなる廻旋運動など、進化し発達した頭脳が狭い骨盤内を通りぬける緻密な動きの記憶は、他のほ乳類にはあまりみられないものです。

それだけに、人の胎内育児の期間はとくに長期間ですから、お母さんの送るイメージのプラスアルファの働きは、大きく影響を与え赤ちゃんの潜在記憶として長く残ります。

言葉の話しかけも大事ですが、お母さんの願うイメージは赤ちゃんの心に映像で送られます。またお母さんの思う夢も転写されて赤ちゃんの心に写されるわけです。

ただ、胎内育児では赤ちゃんの情緒の安定が大事です。お母さんの夢や希望が計算づくのものは好ましくありません。

赤ちゃんの心に負担になるのは避けたいものです。お母さんがリラックスして楽しくなるような願いを伝えましょう。

例えば、朝の日の出のイメージは、お母さん自身のドーパミン、ノルアドレナリンを引き出し、胎児も興奮し活性化します。

また、夕日や静かな月夜のイメージは、お母さんのセロトニンを増加させ情緒を鎮静化し、それで胎児も安心して眠ります。

胎内育児では、このようにお母さん自身のイメージをコントロールして、胎児に他動暗示として送るわけです。とくに誕生後のベビーベットの周りの楽しい環境のイメージなどは、胎児にはとてもいい暗示として残ります。

毎日のお母さんの生活の行動なども伝えてあげましょう。「いま、お母さんはお掃除しているの、○○ちゃんが産まれたとき奇麗なお部屋にしているからね」と、やさしく呼びかけるとき、その状況をイメージして送るのです。

実際に誕生後も、子育てに大きな影響を与えるこのイメージの力が、近ごろずいぶん軽視されています。情報氾濫の風潮に流されたのでしょうか、一般的に想像力が弱小化しています。イメージ力を強化して想像した情景をしっかりと映像化したいものです。慣れればそれほど難しいことではありません。子どもにもぜひ伝えましょう。

いのちのエネルギーはすべて丸い

胎齢十五週にもなるとおなかの赤ちゃんは、身長約六センチ、体重百二十グラム前後に成育して骨格や臓器も整いだします。

また神経系も自律神経が働きだし、動物系生理と植物系生理のそれぞれが協力して、成長への役割を果たしはじめます。

この動物系生理は積極的に外部からの刺激を受け入れ、身体の成長に役立たせようとします。

しかし胎内育児ではとくに植物系の生理反応を大事にしたいものです。この植物系の神経は消極的ですが外部刺激を心の成育に必要として受け入れているのです。

つまり個生体の意志をしっかり持って外部からの刺激に反応するようになります。よい刺激は各細胞が活性エネルギーとして吸収記憶します。

悪い刺激もまた、しぶしぶですが吸収して、これはマイナスエネルギーとして細胞膜の弱体化を招いたりします。

大事なのは、いのちを育てる愛の刺激、プラスエネルギーは丸い形をしているということです。

自然界のエネルギーはすべてマクロからミクロまで丸い形をしているからです。小学生の理科の実験で見た覚えがあります。

磁石に厚紙を乗せてその上に鉄粉を撒きトントンと叩くと、鉄粉はきれいな丸の形の模様になります。直接目には見えなかった磁力エネルギーも丸い作用であると見せてくれたわけです。

私たち生命体はいつも、このような自然からの丸いエネルギーに保護されて育てられてきました。

近ごろは輸送や販売に有利ではないかと、四角いメロンとかスイカを人工的に作りだして話題になっています。でも何か不自然であまり美味しそうではありません。

もともと丸いものを無理やり四角にする、そのうち太陽や月まで四角にしたいなどいいだしそうです。

でもせっかく四角にした果物もその種はやっぱり丸くなるといいます。自然はあくまで種（いのち）の原点は丸い形であるということにこだわっているということですね。エネルギーはもともと丸い形なので、保存するのも増殖するのも形は丸く作られているのでしょう。当然、伝承保存する場合も丸くしたほうがよく伝わります。

それで胎内育児の基本は丸い刺激を与え続けることと分かります。丸い刺激はツルツルしてソフトで温かいのです。

話しかけの言葉にもやわらかく丸い振動があります。角ばった、カドのある言葉には愛のエネルギーは感じられません。


お母さんが調理中に間違って指を傷つけました。浅いけど一センチほどの切り傷ができています。そのときすぐ消毒しテープで保護したりしますね。それでたいてい一週間もすればもとのとおり傷跡も残らず完治するものです。

これは切られた傷口の周りの細胞が、それぞれの意志で記憶にもとずいて増殖して復元したからです。細胞は失われた形質を忘れず復活させているのです。

はじめわずか数ミリグラムの受精卵が、分裂大増殖して誕生時には三千グラムまでに成育していきます。胎内育児で大切なのは、この過程で各細胞によい刺激を与え、よい潜在記憶をすべての細胞の意志として残すのを目的にすることです。

個生体となった胎児の全身の細胞に、もともとの原生記憶にプラスしてこのよい記憶が生理反応として膜動輸送（サイトーシス）されます。それが誕生後も、赤ちゃんの心の土台となってあとあと子どもの生き方の方向を左右していくのです。

おなかの中の温かい海でゆったりと浮かんでいる赤ちゃんは、お母さんが穏やかで楽しい日常を送っていると、子宮内の環境が最高によくなります。海である羊水の質もよくなり臍帯からの血液の質量もともによくなります。

そしてもっともよい刺激は、お母さんの思い、お母さんの動きが丸く丸くなれば、子宮内膜の触れあいもソフトで丸くなり、すてきな快感をおなかの中の赤ちゃん自身の肌（体制感覚）に与え続けるということです。

先にも述べましたが、スキンシップという言葉は和製英語で中途半端です。本当の抱き締めならタッチングというべきだと考えます。胎内育児においては、さらに理想的なカップリング状態であり、母と子が密着しているといえます。

よく誕生して十日もたたない新生児が、なにかホーッと思いだし笑いをすることがあります。このときの胎内でのすてきな快感を思いだしているのでしょう。

産まれて間もない赤ちゃんが、寝つきがよかったり悪かったりします。赤ちゃんも夢を見るのです。

胎内で体験した快感や不快感などが夢に繰り返しでてくるのです。胎内育児でできるだけ、おなかの中の赤ちゃんの夢を丸くしてあげましょう。

第3章　お母さんの動きと触れあい

——愛の引力の強さが子どもの心を誘導する

お母さんがいのちのリズムで誘導する

私たちがいま使っている暦は、明治初期に採用された太陽暦（グレゴリオ暦）ですが、それまで大陰暦という月の運行をもとにつくられた旧暦を使用していました。しかし生物の生理現象からいえば、いまでも大陰暦のほうがピッタリする感じがします。

満月の夜の海岸線で珊瑚礁からの大産卵の現象や、人の自然なお産の分娩も、やはり満潮のときが多いようです。そういえば人の臓器の漢字にはすべて月がついています。

ただ、旧暦の数え年では新暦の満年齢に比べると、一個ずつ歳が増えるので嫌だという人も、お母さんたちの中にはおられると思いますが…。

実際に子どもは、胎内育児中にすでに歳を重ねているのです。胎齢といわれ妊娠十二週目のときは胎齢三カ月といいました。

それで旧暦では生まれたとき一歳なのです。ですから、子育ては妊娠初期からはじまっているというわけです。

地球誕生の四十五億年前の原始、月はいまの半分の距離で回っていました。いまは三十八万㎞になっています。

当時は見た目も二倍以上の巨大な大きさだったことでしょう。当然、潮汐力《ちょうせきりょく》も強力で原始の地球を何億年も一定のリズムで揺さぶり続けてきたのです。

その動きつまり揺さぶりの刺激が生命誕生の母でした。もともといのちは月の引力（潮汐力）のリズムで生まれたものではないでしょうか。

このゆったりしたリズムをお母さんも胎内の赤ちゃんを育てるときにぜひ取り入れていきたいものです。

胎内の赤ちゃんは、受精卵から胎芽と成育のときに生命進化のプロセスのすべてを再現して育っています。それだけに胎内の環境を意識してお母さんは動きましょう。

動きの基本はやはり自然のリズムです。大きくは、いのちを生み育てた月の潮汐力の約十二時間おきの干満で、緊張と弛緩を繰り返すリズムです。

小さくは、私たちの心拍数のリズムです。このリズムを組み合わせる動きがいのちを素直に育てていきます。

その自然のリズムは私たちの心身の状態に、いつも大きな影響を与えています。ただ、生物固有の生理時間のバイオリズム（bio-rhythm）と、その生理から影響を受ける心理時間のキャラクターリズム（character-rhythm）の二つの領域があることに注意したいものです。

いまの子育てで見落とされているのが、この違った領域の混同からくる、お母さんと子どもの不同調の接触です。

リズムが違うときはどれほど触れ合っても、また話し合いを続けても、子どもにお母さんの心は伝わらないのです。

それで人それぞれの固有の、バイオとキャラクターのリズムがあるわけですから、ぜひお母さんも自身のリズムを知ってほしいと思います。

つまり身体の調子のよいときと、悪いときのリズム。気分のいいときと、気分のよくないときのリズムの違いです。そしてこの領域は互いに影響しあって、固有のリズムを新しく作り出しているのです。

はじめからの子育てで知っておくべきことの大事な一つは、お母さんのリズムが胎児に伝わっていくということです。

胎内育児ではこのキャラクターリズムをとくに意識しましょう。

例えば、女性自身の生理周期はだいたい十四日ほどで卵胞期と黄体期を繰り返していますが、同時に心理的な周期もあるわけです。

一般的には卵胞期には気分は高揚し、やる気もでます。あとの黄体期は低調期で気分も沈静して休養したい時期です。

この心理的なリズムを無視すると、生活面でも仕事上でもあまりいい結果はでないようです。お母さんが何か新しい物事にチャレンジするようなときも、この心理的なリズムの高揚期にされると、だいたい成功率が高くなるそうです。

女性の競技スポーツで新記録がでるのも、このリズムの高揚期にある人に多いと関係者の方もいわれています。

胎内育児でのお母さんの動きはこのリズムを生かしましょう。なぜなら胎内の赤ちゃんも、基本的なリズムはお母さんと同じだからです。

お母さんの気分が高揚しているときは胎内の赤ちゃんもそうですし、お母さんの気分が沈静しているいるときは赤ちゃんの気分も低調で休養しています。

お母さんが気持ちよく動くときは胎内の赤ちゃんも気持ちよく動き、お母さんが沈静して静かなときは赤ちゃんもゆっくり休んでいるのです。

このとき、お母さんと胎内の赤ちゃんの動きと心のリズムが同調します。胎内育児で大事な同調の接触が行われます。

この胎内での同調の触れあいが上手にできれば、あとあとの育て方がすべてうまくいきます。

生まれたあと、お母さんと赤ちゃんの触れあいがまずく育てにくい場合の要因は、多くがこのときの不同調の接触にあるようです。

つまりお母さんの気分がよいときは、軽やかにリズミカルな動きで胎内の赤ちゃんを乗せましょう。また反対に気分が沈んでいるときは、のんびり静かにしていましょう。無理をしないで自然にするのが一番ということです。

二本の音叉（チューニング・ホーク）を一メートルほど離して置いて、一方を振動させます。同じ振動数ならもう一方の音叉も振動をはじめます。なにもつなぐものはなくても同調して鳴りだすわけです。子育てでの同調の大切さもここにあります。

よくある話ですが、成長した子どもが何かで落ち込んでいるとき、元気づけようと明るく楽しい接触をするお母さんがいますが、あまりうまくはいきません。

また、子どもが調子づいてはしゃぐとき、静かに落ち着きなさいと説教したりしても、これもうまくいきません。不同調の接触だからです。

「喜びも悲しみも共にする」これが同調の動きです。子どもが何かで落ち込んでいるとき、お母さんも同じ思いをして悲しいことがあったよ」お母さんは「そうなの、辛かったね、お母さんも同じ思いをして悲しいことがあったよ」とまず受けとめてあげます。そのあと「でも、よく考えてみたらいい勉強になったね」と前向きに思いを誘導してあげます。同調の接触です。

はじめからの子育てにおいて心を育てる動きは、まず胎内の赤ちゃんの心と同調することです。

丸い穏やかな動きが赤ちゃんの願い

だいたい胎齢十六週をすぎると、お母さんは胎内の赤ちゃんの動きを感じるようになります。胎動といわれています。

ときにはグルグルと、またドンドンと足をつっぱる感じがします。じつはそれまでも動いていたのですが小さくて気づかなかったのです。

大きく成育して内膜いっぱいに触れるようになると、動くことでお母さんにコンタクトしようとしているわけでしょう。

なにしろ赤ちゃんにはいのちがけの触れあいなのです。早く早くお母さんに自分の存在を気づかせておきたいからでしょう。

もともと胎齢八週ごろの妊娠不安定期からシグナル（つわり）を送っていたのですが、直接的な接触は小さすぎてお母さんに分からないのです。それで安定期の十六週目ごろには大きく成育して、自然にお母さんに通じるように触れだしたわけです。

子育ては、この胎内の赤ちゃんからの願いを聞くところからはじまります。その願いとは「自分のいのちを守り育ててほしい」です。お母さんが、日常の生活の中でも穏やかに動く触れあいで、誘導してくれるのを待っているということです。

穏やかな動きとは、ゆっくりした丸い動きで、揺りかご、集団遊戯、ブランコなどの繰り返す運動のことですが、これは自然のすべての動きの中にも多く見られます。

よせて返す渚の波の動きなど、見る人の心を穏やかにします。これはいのちの原点にあるセル（細胞）の原生記憶に、円運動がいのちの揺りかごだったとあるからでしょう。

丸い動きはグルグル回ってももとに戻るという安心感が自然に伝わって胎内の赤ちゃん

も心穏やかになるのです。

もっともその動きを取り入れているのが、日本舞踊ではないでしょうか。優美な舞の中に一つひとつの円運動の基本が流れとして入っているようです。ぜひ胎内育児中のお母さんの動き方に参考にしてほしいと思います。

また、子育てで、お母さんと子どもの肌の触れ合いの重要性はたえず問題になります。スキンシップより、タッチングのほうがよいのは圧力と体温が伝わりやすいからですが、じつは理想的なタッチングができるのがこの胎内育児の場なのです。

とくに胎内の赤ちゃんが胎齢十六週にもなると、成育した胎児の全身の肌がお母さんの子宮内膜とビッタリ密着して、肌と肌の触れあいではより理想的なカップリング状態になっています。お母さんの心と体の思いをそのまま赤ちゃんに伝えられるのです。

当然、子どもが誕生後も、タッチングによる子育てはお母さんと子どもの触れあいに大切なものです。

しかし子どもの生涯においては、このような全身の肌と肌の密着は二度とありえないのです。それだけにこの時期を大事にしましょう。

人は約六十兆のセルで構成されていますが、それぞれが意志をもって生きています。その意志は各セルの膜にあって互いに連携し人の心となっているわけです。

その心は、内部では自律神経として働き、外部からは肌（皮膚）を通して刺激を受け入れ、心の要素の感性と性格と情緒を育てているのです。

肌に心在りです。

胎内育児では、この赤ちゃんの肌に働きかけるのがお母さんの誘導です。情緒の安定したお母さんの胎内はツルツルして暖かく赤ちゃんの肌をやさしく包みます。胎内の赤ちゃんには最高の快感です。

肌への快感刺激は、脊髄を伝わり脳細胞の活性化ホルモンのアセチルコリンを増加させます。つまり情緒を安定させ頭脳もより賢く発育させる状態に誘導していきます。

また反対にお母さんの情緒が不安定で荒れて、お母さん自身の肌が鳥肌になったりしたら、自然に胎内の肌、つまり子宮内膜もブツブツと荒れだして赤ちゃんを不快に刺激するのです。

それは逆の意味の誘導になり不快な記憶を残します。そのとき赤ちゃんは胎内で、お母さん自身のホルモン（プロゲステロン）などを刺激して誘発させ、イライラするお母さんの心を沈静化させます。

胎内の赤ちゃんはタダで住む間借り人ではありません。お母さんを助け、自身も守る胎児力を持っているのです。

ただこの不快な刺激も一時的でしたら乗り越えられますが、あまりに絶え間なく続くと防ぎ切れなくなります。胎内育児中のお母さんは心してください。

幼児の遊戯で昔からある多くの動きは、ほとんどがこのような丸い穏やかな動きを取り入れています。

穏やかというのは人の心拍数に合うゆっくりしたリズムという意味です。動くリズムを絶えず早く誘導すると、幼児の性格はだんだんとせっかちになります。またあまりに遅過ぎるリズムでは、のんびりした性格になります。

オーストラリアのコアラは、育児嚢の中でお母さんコアラのゆっくりした動きの中で育つと、まったく同じようなのんびりした性格に育ちます。

それと似たような有袋類でも対照的なのが、カンガルーの赤ちゃんです。育児嚢の中で育つとき、いつもお母さんの飛んだり跳ねたりの動きに誘導され、袋から出たとたんピョンピョンと動きはじめいつも、きょときょととせっかちな性格に育っています。

つまり自然は、お母さんの動き方で生まれくる子どもの性格を決めさせているのです。胎内育児でのお母さんの動きと、誕生後は乳幼児期の触れあいの動きが、子どもの性格を方向づけていくわけです。

性格は後天性で誘導されて方向づけられるものです。

明るい、やる気いっぱいの性格づくりをするなら、お母さんが穏やかで楽しく、リズミカルな動きで誘導すると胎内の赤ちゃんの性格もその方向に形づくられます。

お母さんは胎内育児中はできるだけ、仕事でも家事でも、はな歌まじりで口笛ずさむような気持ちで、軽いリズムに乗ってしていると育てやすい赤ちゃんが誕生するでしょう。

自然なアナログと人工のデジタルの動き

その昔、といってもわずか六十年ほど前の話ですが、なにごとにも文化、文化と名づけた時代がありました。文化なべ、文化包丁、文化風呂、文化トイレ、文化会館などはいまもあります。なにか新し物好きに迎合して流行ったのでしょう。

それがいまはデジタル流行りとなって、すべての家庭用品から産業機器にいたるまで、デジタル万能になったようです。数値に置き換えられる技術はいいとしても、人の心の考え方まで、デジタル思考が浸透しはじめています。

でもこれはなにか不自然な感じがします。自然界にはデジタル的な現象は存在しないからです。子どもを育てるのはもっとも自然な行為ですから、やはり自然なアナログ思考で育てていきたいものです。

最近、ウナギの産卵から成育までが解明されてきました。

大洋の深海で産卵されて稚魚になったウナギの赤ちゃんが、はるばる大洋を越えて日本の河川までたどり着き、成魚になると、また生まれた大洋の深海まで戻りそこで産卵する。気の遠くなるような旅なのです。

学説では、ウナギは生まれたところの海水の味を記憶して、大洋の深海を捜し求め長い旅の果てに行き着き、生まれた同じ場所で産卵して終わります。

ずいぶんと感動的で必死のグルメ旅の一生でした。自然がいのちに伝えた微妙な意志を思いましょう。

いのちの動きの基本は丸い動きと伝えてきましたが、このウナギも丸い動きで循環しているわけです。

丸い動きは連続する自然なアナログとして次の動作が予測しやすく、安心できる動きだからです。いのちはそのように育てられてきました。

自然には、人工の断続する0か1かという数値だけではない、0と1のあいだに無限の「∞」があるのです。育てる思考はそのインフ（infinity）の価値観です。

お母さんの動きとしては、赤ちゃんを抱いてあやすときのようにゆっくり繰り返す動きです。胎内で抱いた赤ちゃんにもとに戻るという安心感を与えるのです。直線的な断続する動きは予測が想像できず赤ちゃんに不安を感じさせます。

やはり胎内で育児中のお母さんには、優美な動き、できれば日本舞踊の振りつけにあるような動きが最良ですが、似たような動き方が赤ちゃんもいちばん嬉しいのです。これは誕生後も同じです。

赤ちゃんを遊ばせるのも、ゆっくり丸く動いてあげるととても喜びます。子どもに快感を与えることが心も体も知能もよく発達させるのです。

乳幼児の場合は、お父さんが抱いて飛んだり跳ねたりすると子どもはキャッキャッと喜びますが、あまり子どもの予想を無視する動きは止めましょう。

それはデジタル的な断続する動きは、動きの予測が子どもにできなくなり、不快感と不安感をもたせます。

一般的に体罰などの動きにこの動きが多いものです。それは子どもを脅す刺激と動きですから、当然、この動きには子どもは怯えだすわけです。

また胎内育児で多く間違えるのは、お母さんの好き嫌いで動きの判断をすることです。胎内の赤ちゃんの心にどう伝わるかを一義的に考えてほしいのです。

そのつぎにお母さんの体調によいものを動きに取り入れましょう。その意味では何とかスイミングとか、何とかビクスなどはあまり勧められません。胎内の赤ちゃんにはビックリ、シャックリする動きが多いと思うからです。

なかには生まれたばかりの赤ちゃんを、もともとエラ呼吸していたのだと、プールに入れて訓練する人もいます。三億年の進化のプロセスを無視している感じです。

このようなことは、オリンピックの水泳選手に育つ前に、水恐怖症になりはしないかと心配です。

自然は、膨大な時間をかけてゆっくり、ゆっくりと、いのちを進化させてきたのです。人工的に焦って行えば逆の結果もあることに注意しましょう。

古くから伝わっている、日本の伝統的な子どもの集団の遊びや遊戯にも、この丸い動きが多く取り入れられています。鞠つき、縄跳び、かごめかごめ、花いちもんめ、鬼ごっこに綾取りまで、ほとんどの動きに丸い動作が織り込まれています。

子どもは動き回っても、丸い動きはやがてもとに戻るという安心感で遊べるからです。それが自然がいのちに与えた〝安心誘導〟というものではないでしょうか。

ただこの集団での動きは、体の成長や集団行動のルールの理解には役立ちますが、子どもの性格づくりにはあまり大きな影響はないようです。

子どもの性格はあくまでお母さんと子ども、またお父さんと子どもといった、一対一の誘導関係で培われるものです。胎内育児の優位は、この対面誘導が理想的な状況にあって赤ちゃんに伝えられることです。

お母さんのリズムを同調させた優美な丸い動きが、お母さんやお父さんの願っている、子どものすばらしい性格を方向づけていくのです。

例えば、よい性格とは「陽気で積極的で、やる気いっぱい、素直で優しく温かい」といったところでしょうか。

また対面誘導で大事なことは相互の信頼関係です。お母さんと胎児の信頼は愛情の引力の強さです。愛が深ければ引力は強くなります。

空港で巨大なジャンボ旅客機など、離着陸のたびに誘導路から滑走路また滑走路から誘導路と、赤い誘導棒を合図に使い誘導員がすべての安全を守っています。旅客機の機長は移動の方向を誘導員の指示に従って移動しているのです。それだけ誘導する者の責任は重大です。

胎内の育児では、子どもの心と身体の安全のすべてが、お母さんの誘導で決まります。子どもの感性、情緒、性格と、心の要素の方向づけもお母さんの動きしだいです。とくに動きと子どもの性格づくりの相関性を大事にしてほしいと思います。

赤ちゃんの大好きなお母さんの唄声

はじめにお母さんの声ありです。あけぼのの薄明かりの中の胎内で、ぼんやりと意識を持ちだした赤ちゃん。胎齢十週目にもなると胎内の赤ちゃんも周囲の環境を感じだします。そのときはじめて感じた音（振動）が、お母さんの声でした。

奥深い胎内で意識に目覚めた赤ちゃんにはその声は〝神の声〟でした。実際に子どもにとっては、いつもお母さんの声はそれほどの大きな影響力があるのですが、多くのお母さんはあまりそのことに気づいていないようです。

いのちの感性は、自然とお母さんの愛情からの振動音で育てられてきました。赤ちゃんの感性はお母さんの声で目覚めます。

赤ちゃんはそれを耳だけでなく全感覚で受け入れています。肌の触感で受けた声は、皮膚細胞を通じて膜動輸送（サイトーシス）という、生理作用で全身の細胞に伝えられ各感性を活性化するのです。

やさしい振動音は、快感としていのちを大きく伸ばします。また不快な振動の音は反対にいのちを怯えさせ発育を阻害します。感性はいのちのナビゲーターだからです。

そのことの応用でしょうか、近年、牧場でも乳牛たちにポピュラーな音楽を流したり、乳量が増える音楽を選別して流すところがあるそうです。

なかには養鶏場で卵を多く生ませるのに演歌を聞かせたり、養魚場で稚魚に聞かせて増産しているところまであります。

胎内の赤ちゃんは、はるかに複雑で高度な感性を持っているわけですから、当然、外部からの振動音に大きな影響を受けるわけです。

それで自然は、母胎内での赤ちゃんのセキュリティには万全を期しているのです。たびたび伝えていることですが、七重のバリヤで守られているので外部の影響は最小限に押さえられています。

実際に特殊なマイクで胎齢二十週目の赤ちゃんの、耳の位置の音を集録したテープがありますが、聞いてみると外部の音や振動はありませんでした。

あるのはお母さんの声と胎内音がほとんどでした。お母さんの声は外を回ってくるのではなくて、胎内を振動として伝送されている感じでした。

つまりお母さんが胎教音楽などを聞いても胎内の赤ちゃんにはまったく聞こえないということです。それは、お母さんの心身の安定に効果があって、間接的に赤ちゃんにいい影響があるのはよいことですが。

またお父さんがお母さんのおなかに話しかけても、赤ちゃんには届きません。お父さんがおなかに、手を当てて振動として伝えてはじめて赤ちゃんに聞こえるわけです。

ですからお父さんが胎内育児に参加されるときは、お母さんと触れ合って赤ちゃんと話し合ってください。赤ちゃんも喜んで応えてくれるでしょう。

それで胎内の赤ちゃんは、お母さんの声をいつも全感覚で聞いているわけですから、通算すると二百八十日あまり、朝、昼、晩とお母さんのオンステージです。

でも二十四時間たえず聞かれていると思うと、気か重く神経質になりますね。まあ適当に考えましょう。

ときには大声で怒鳴ったり、ストレスを発散させるのもいいですが、あまり続けないことです。そんなときは「ごめんね、ちょっとイライラしたの、もう大丈夫よ」と気分を変えて一応謝ります。そしてあとは鼻唄でも唄って平静にすることです。

それで胎内の赤ちゃんも「ビックリしたなーもう」で治まります。なにしろ長い期間です。いつも調子のいいときばかりとは限りませんから、この気分転換を心して覚えていてください。ただお父さんとお母さんのトラブルは、できるだけ避けたいものです。

実は、赤ちゃんはお母さんの唄が大好きなのです。それは鼻唄は気分の悪いときはできないからです。お母さんが唄うときはいちばん情緒が安定していると、赤ちゃんは分かっているからです。

歌はお母さんの好きな歌でいいのです。ただ名曲という日本の子守歌はあまり赤ちゃんには好かれません。もの哀しいものが多いからです。

どうしてすぐれた子守歌を赤ちゃんは嫌うのでしょうか。生まれたばかりの新生児にいろいろな名曲の子守歌を聞かせますと、不機嫌になる赤ちゃんが多いのです。これは子ども賛歌というより、子ども哀歌が多いからだと思いました。

もともと、赤ちゃんの心情よりも、子守をする側の心情に合わせている感じがします。その頃、貧しい年少の子どもたちがアルバイトの子守のとき、悲しく唄うように作られたものなのでしょうか。

もっと赤ちゃんを楽しくする、例えばかつて流行った「こんにちは、赤ちゃん」などのような、楽しいリズムの赤ちゃん賛歌がもっともっとほしい歌です。

音楽といえば、よくある胎教にいいという音楽も、いろいろ聞いてみましたが、胎内の赤ちゃんにぴったりとするのはあまりないようでした。

クラシック系はダイナミック・レンジが広すぎて、高音や低音が極端になるのが多く、赤ちゃんは怯えるのではないでしょうか。もともとクラシック音楽は、ほとんどが貴族を称える曲で、勇壮な響きが多く取り入れられています。

名曲が選ばれても胎内の赤ちゃんにはどうかと思います。先にも述べましたように胎内の赤ちゃんには聞こえませんが、ドラムとかシンバルの強大な振動は伝わります。お母さんが胎教音楽として聞かれるのなら、かえってポピュラーな環境音楽系の中に、案外すぐれたものがあります。探してみてください。

当然ですが、自然の音がいちばん胎教音楽には適しています。美しい自然の中の森や林の路を散策してみましょう。

小川のせせらぎから、小枝を吹き抜ける風の音。また小鳥たちのさえずりの合唱などいのちの息吹が溢れています。

胎内育児でお母さんにぜひ唄ってほしいのは、この自然の中のいのちの息吹です。胎内の赤ちゃんのいちばんの願いは〝楽しく私のいのちを守ってください〟です。お母さんの話しかけもそのことを含めて伝えましょう。

感動がすてきな赤ちゃんの心を育てる

十八年ほど前の話ですが、あるお母さんの相談を受けました「七歳になる一人娘ですが小学校に入ってから、やる気を失いまして、何事もつまらないから死にたいというのです」

それでお母さんにはじめからの子育てのことを話しました。

「感動を知らないといのちは強くならないのです」と、お母さんは感動的な物語とか、偉人伝などを読み聞かせていたのに、まったく反応がなかったといいます。

実は感動は、自身が体験したことでないと、力にはならないのですと伝えました。お母さんはずいぶん深刻な顔をして帰りました。それから一年後、突然「先生のおっしゃっていることが、やっと分かりました」と明るい顔で話を伝えてくれました。

「あのあと落ち込んでいる娘が子猫を飼いたいというので、まあ一軒家でしたのでいいでしょうというと、近所の原っぱに段ボールで五匹の子猫が捨ててあるといいます。そのときふと、はじめからの子育ての話を思いだしました。

じゃ、お母さんが選んできた子猫を飼うのね、と念を押したら、いいよ、と承知したので、私はすぐその空き地に行って五匹の中で、後足が不自由な子猫で、顔も少しおかしい白黒のまだらの子猫を連れて帰りました。

娘は見るなり、えぇーっ、というので、あのね他の四匹はとても可愛いので、誰でも人が拾ってくれるでしょ、だからこの子猫にしたの。といいました。娘はしばらく顔をしかめて考えて、分かった、お母さんて、すてきな人だ、と子猫を抱きました。

それが小学二年生のときです。それから嬉しいことに娘は変わりました。やる気いっぱいになって、クラスのリーダーなどをしました。子猫もいまは大きくなり、とても賢く可愛がっています」

ということでした。

その娘さんは、現在二十五歳、看護師のすぐれた指導員として、多くの患者さんの心身を支える強い力になっているそうです。

山に降る雨はちょっとした風の具合で、右や左に別れます。分水嶺といいますが、そのあと、右は日本海にそそぐ大河になり、左は太平洋にそそぐ大河になります。中には途中で蒸発して消えてしまうものもあるでしょう。

ただ、偶然だけで子どもの心は決まりません。やはり自然の法則にしたがっています。子どもの人生は、お母さんが与える感動で決まるといっても過言ではないのです。

感じて動くこと、それが本当の感動です。お母さん自身が実体験すると、自然と胎内の赤ちゃんに伝わるのです。

心が受けた感動は、さざ波のように全身に広がりすべての各細胞を生き生きと活性化させます。もともといのちは感動から生まれたものだからです。

私が四歳のとき母がたびたび聞かせてくれた話があります。一九二三年九月一日正午、関東大震災です。当時、家族は横浜にいましたが、続々と避難してくる何万人という被災者がいたそうです。死者も十四万人という大変な災害でした。

母も救援活動にかけつけたそうです。なかでも都心部の道路には、避難途中の焼死体が溢れている状態で、一体一体丁寧に運び安置したそうです。

そのなかに道路に俯せた女性の焼死体があり、抱き上げると真下に穴が掘ってあり幼児の遺体があったそうです。そのころの道路は、まだ舗装していませんでしたが、それでも硬く踏みしめられていました。

そのお母さんの遺体の爪はぜんぶ剥げ落ちていたそうです。迫り来る火の手から子どもを守ろうとして、必死で硬い道路に素手で穴を掘り、子どもを避難させ自分の体でかばって火の粉を防いだのでしょう。しかし無念にも子どもも被災してしまったのでした。

母は「このお母さんも大変だったと思うよ、でも、私があなたを連れていたら、きっと同じことをしたでしょう、お母さんなら皆そうするわ…」といって、強く私を抱き締めてくれました。生涯、忘れられない話です。

お母さんが食事のとき魚を食べます。また野菜を食べます。実はその瞬間に唾液の質が変化しているのに気づいたことがあるでしょうか?

唾液は脳の指令で変わるのではなく、消化しやすいように自然に液質を食物に合わせています。また子どもが転んですり傷など軽いけがをしたとき、お母さんがなめてあげます。そのときは消毒唾液になります。

身体の免疫系もそうです。悪い細菌などが体内で発見されると、たちまち免疫細胞が殺到して分解吸収してしまいます。これも脳が携帯電話で免疫細胞に指示したわけではありません。それぞれが自然に判断していのちを守っているのです。

私たち人の身体は、約六十兆の細胞群で作られていることはよく知られています。そしてそのうちの六兆の細胞群は、あるていど意志の力でコントロールされる動物系生理という神経組織ですが、あとの五十四兆の細胞群はまったく意志では動かない植物系生理の神経組織で、免疫作用と同様に勝手に働いているわけです。

よいことにしても悪いことにしても、この両組織を共同して働かせるのが感動という、感性と情緒の相互作用です。アドレナリンやセロトニンという、相反するホルモンの働きにより興奮や沈静の指令が自然にでて、いのちを支えているのです。

感動だけが全細胞を活性化できるのです。論理や理屈では一部の細胞しか働きません。胎内育児の感動の伝え方の大切さとはこのことです。

胎内で赤ちゃんの細胞は大増殖中ですから、よい感動を伝えたら、即、心身の全細胞に伝わります。当然、すてきな赤ちゃんに成育するのは自然ではないでしょうか。

第４章

お産は胎児といっしょに

──お産はお母さんと胎児の共同事業です

自然分娩、母子同室、母乳育児

長いようで短かった胎内育児も二百八十日近くなり、いよいよ臨月になりました。お母さんも大変でしたが、胎内の赤ちゃんもいろいろあったはずです。

本当にお疲れさまでした。赤ちゃんも感謝していることでしょう。

もうすでに出産準備はされていると思いますが、近年、出産を病院でする率が高く九十％以上になったという統計もあります。

理由はともかく、昔からの助産院でのお産が減少し、病気でもないのに病院出産がほとんどという状態です。そのせいか病院の産科は人手不足とかで、受診受付を断るところまであるようです。事前の手配が重要になりました。

ただＷＨＯ（世界保健機関）からは日本の産科施設は、まだまだ赤ちゃんにやさしいところが少ないと、勧告まで受けているようです。

1、自然分娩、切開しない経腟分娩。

2、母子同室、分娩後お母さんと赤ちゃんが同室で休む。

3、母乳育児、新生児に母乳以外の不必要なものを与えない。

という、三つの案件です。これらはたいていの助産院では普通におこなわれています。

多くの助産師は「お母さんや、赤ちゃんにやさしい」対応をされているようです。

それで、妊娠されたばかりのお母さんの、「どこかよい産科を教えてください」という相談もよくありますが、あまり詳しくは答えられません。

データは多くありますが、お母さんの居住場所や、助産施設の受け入れ状況といったものが絶えず変化しているからです。

もし詳しく調べたいときは、図書館などに「産科施設の紹介」といった書籍が、何種類もでていますのでお母さんの自宅の近くで、前述の案件を充たすところをさがしましょう。とにかく足で確かめられることです。それもよい胎内育児になります。

ただ、総合病院などの大きな助産設備のあるところは、お母さんには安心かもしれませんが、まだまだWHOの基準案件に合うところは少ないようです。

本来、お産はもっとも崇高な自然の生理的現象で、病気や疾病ではないのですが、万が一何が起こるか分からないなどと、ゆがんだ社会通念が氾濫しています。

そのせいでしょうか、お母さんたちが大病院へ大病院へと集まりだしました。実際は大病院でも万が一の事故は起きています。

大病院も大変です。集中してくるお母さんたちの対応に追われています。それぞれに、システムの整備や過密なスケジュールに困惑して、中には産科を閉じるところまででてきはじめたそうです。

そのためか産科施設が都市部に集中し、地方地域では主産婦が分娩時期に間に合わず、病院をたらい回しで結果、不幸な事故になったという報道もありました。

また、医師や助産師も過密なスケジュールに追い立てられ、計画分娩とかで薬品点滴などを使って強制分娩をするところまで増えてきました。

一方で、少子化対策を声だかに唱えている行政は、このような事態にはいつも手遅れです。せめて健康な主産婦が、いつでも、どこでも、安心して出産ができる措置を、緊急に立ち上げる責任があるのではないでしょうか。

なかには「医師の指示でも看護師ではだめだ」「助産師が不足している施設は、法律違反だ」などといいたてる、驚くような時代錯誤の役所もあります。

法が母と子の健康やいのちを守れないのなら、法律を変えるべきではないでしょうか。失われたお母さんや赤ちゃんのいのちに代わって警告したいと思います。

でも、お母さんはこの不安な状況に惑わされないようにしてください。だいたい、いつの時代も安全で安心して子どもを産み育てるときはありませんでした。

社会全体に、母と子に対応する、畏敬と保護、支援をする姿勢が不足しているのです。

お母さんは、しっかり胎内の赤ちゃんともよくコンタクトして、二人で自分たち自身を守る方向を決めていきましょう。

お産の主役はお母さんと赤ちゃん

さて胎内の赤ちゃんも、いよいよお産の間近になると準備に大忙しです。お母さんも準備に大変ですが、お産は赤ちゃんにとっては文字通り生死をかけた大事業です。胎内育児で多くを学びこの日を待っていたとしてもです。

もともとの細胞記憶を総動員して、身の回りを整えます。位置はきちんと正常位か、回旋運動の記憶は確かか、などなどです。

それらがすべてＯＫでしたら、お母さんにサインを送ります。

まず収縮ホルモンのオキシトシンを少しづつ刺激しだします。その合図で子宮は、分娩のはじまりの圧力を胎児に伝えます。

ここで自然の経腟分娩のときは、お母さんと赤ちゃんの連携作業がはじまるのです。娩出のための移動と位置決めで産道へ入ります。

この刺激が赤ちゃんのあとあとの心の育ち方を進めます。このとき赤ちゃんの心が受けた刺激を見ますと、圧力、温度、湿度、粗密、硬軟、振動とリズムの七種になります。

これは生後、赤ちゃんの受けるすべての触れあいの刺激のはじまりとなり、赤ちゃんにとって最高のよい体験となります。

つぎに、お母さんの温かい保護を離れて、赤ちゃんが胎外に誕生したときすぐに必要でほしいものは、お母さんのおっぱいです。

それで母乳の分泌を促進するホルモンのプロラクチンまで刺激して用意させます。それらの準備は赤ちゃんの領域です。

ですから出産日の予定がしばしば変わるのは、胎内の赤ちゃんの都合次第だからです。お母さんに最良の助産師は、胎内の赤ちゃんともいえるのです。

自然は、お母さん一人に出産という大事業を背負わせません。赤ちゃんにも協力できる助産力を与えました。

ほんらい妊娠出産は、お母さんと胎児の共同の事業として、自然はいのちに贈ってくれたのです。

ですから助産師がいれば、当然、主産婦と主産児という役割もあるわけです。それはお産の主役は、あくまでお母さんと赤ちゃんということです。

また、フランスのラマーズ産科医の広めた、自然分娩法の「ライズメソッド」も、主旨は「自主的分娩の理解と、呼吸法と、リラックス法の習得」にあるといいます。そして、安易な強制分娩や帝王切開での出産を戒めています。

この〝ライズメソッド〟の広がりとともに、欧米での帝王切開や全身麻酔による、不自然なお産が三割も減ったという話もあります。

いまはラマーズ予防法性無痛分娩法として知られていますが、もともとは旧ソ連のウクライナの神経学者や産科医師たちが一九四八年に発表したものです。

当時、世界的に帝王切開による出産が氾濫しはじめたので、心を痛めた医師たちが何とか自然分娩をと研究して発表したものです。

日本に、このラマーズ出産法を伝えたのは、聖母女子短期大学の尾島信夫教授ですが、その主旨が、ずいぶん勝手に変えられてきているようです。

家族に出産の立会をさせたり、出産場面を公開したりと、なにかセンチメンタリズムに持ち込み、主旨からずいぶん離れた方向になっています。

主旨からいえば、赤ちゃんの誕生は神聖なものです。興味本位が少しでもあれば、商業主義に人間性を売り渡すことにもなりかねません。

情報メディアも、お母さんたちに妊娠や出産の医学的知識を伝えるのなら、もっと真摯に学術的に伝えてほしいのです。

育児雑誌にも、出産や分娩記事を写真つきで売り物にしないでとお願いしたいのです。赤ちゃんの誕生の瞬間は、心から厳粛に受けとめ喜びあうことです。

赤ちゃんにもプライバシー権はあるのです。

間違いなく、赤ちゃんの心の潜在意識に残る不愉快なことは、ぜひ良識ある大人なら止めていただきたいと思います。

赤ちゃんは未完成の大人ではありません、たとえ誕生後一カ月でもそれなりに完成されたいのちであることを忘れないでください。

産まれる準備は赤ちゃんの合図で

自主分娩とは、自分の意志ですることです、その場では医師や助産師の助言に従うのは当然としても決定は自主性を持ってしましょう。

お産は、お母さんと赤ちゃんと連携して決めるのです。それまで胎内育児で赤ちゃんと意志の疎通があれば難しくはありません。

すべては〝二人できめる〟ことです。胎内の赤ちゃんは必ず応えてくれます。それが本当の母と子のつながりなのです。

胎内の育児をおろそかにしては、この事態に間にあわないのです。お母さんと胎児の心の絆を強くするわけはここにもあるのです。

誕生後の母子同室については、病院によってはシステムのうえから無理なところもあるようです。

せめて授乳のときにでも胸に抱いてほおずりや、おっぱいに思い切り触れさせます。なにしろ新生児はこの世界はまだまだ馴染めません。不安でいっぱいです。

お母さんの温かい肌の感じと、長く馴染んだのお母さんの声と匂い。それらがどれほど赤ちゃんの心を落ち着かせて安心させることでしょうか。

一時間でも早く、できるかぎり新生児のときから母子同室で、赤ちゃんと肌の触れあいをしてあげたいものです。

また母乳育児のすばらしさは、いまの商業主義が氾濫する風潮の中では、多くを伝えられませんが、工業製品の粉乳ではお母さんの心を配合することは無理でしょう。

心は顕微鏡でも分析できず、ピンセットで摘みだすこともできないからです。お母さんが母乳を飲ませるのは、赤ちゃんの空腹を充たすだけではありません。

もっとも大切なお母さんの心を、いっしょに赤ちゃんに飲ませているのです。赤ちゃんは肌からも、お母さんの愛のエネルギーを吸収し安心感も受け入れています。

母乳育児は、よくいわれる栄養や免疫のことばかりではありません。赤ちゃんの心を育てる貴重な肌の触れあいが含まれているのです。

哺乳瓶はそれはできないのです。いまの総合粉乳は栄養学的にはすぐれたものですが、母乳にまさるものではありません。もし母乳不足で補助に使用するときは、肌の触れあいを忘れないでください。

さらに、母乳には初乳にはじまって新生児期と、毎日のように成分を微妙に変化させて、赤ちゃんの成育をサポートする自然の配慮があるのです。

心を育てる肌の触れあいとともに、この自然からの贈りものの母乳をたっぷり赤ちゃんに飲ませましょう。

新生児との対応は感動を与えよう

分娩のあと休んでいるお母さんのもとに、産まれた赤ちゃんが沐浴のあと連れてこられました。お母さんにははじめての対面です。嬉しさと少しばかりの不安です。

助産師さんの「お母さん、おめでとう、元気な男のお子さんですよ」の言葉にほっとして胸に抱きかかえました。赤ちゃんはお母さんにむしゃぶりつきます。

「○○ちゃん、やっと会いましたね、私がお母さんですよ」といって、何かしわだらけで期待していたのと少々違うけど、すぐにツルツル肌の赤ちゃんになるといわれ、ほっとして乳首を含ませました。

それはそうです、長いあいだ羊水漬になっていたのですから、しわもできます。

初対面の赤ちゃんは可愛い小さな手をふりまわし、お母さんの肌をさぐります。このときお母さんも負けずに赤ちゃんの身体を撫ぜ回します。

できるかぎり、ほっぺなどもなめてあげましょう。赤ちゃんは必ず感動してとても安心するからです。

とにかく人の赤ちゃんは、実際には二、三歳になるまでは子宮外胎児といわれるほどの未熟な状態で産出してくるのです。

これは進化の過程で頭脳が発達し過ぎて、それ以上お母さんの胎内で育てられないと、自然が判断したせいでしょうか。

それでもともと不安と怯えを持っています。まずそれを解いてあげます。ほんとうは裸と裸の肌の接触が一番いいのですが、そのような産院はまずないようです。

それまでお母さんの胎内でツルツルと温かい内膜に包まれていたのです。赤ちゃんの肌は敏感に刺激に反応しています。

外部は安全かどうかを感じたいのです。ここで大事なのは赤ちゃんの肌着です。外見よりも、刺激の少ない、肌にやさしいものを選んでおきましょう。

新生児が絶えず怯えて泣くのは、案外この肌着のミスマッチングが多いことがあるからです。

いまの子育てで、もっとも欠けているのが、胎児や新生児、赤ちゃんの心への気配りです。周りの言葉を話すものたちが優先されて、赤ちゃんの意志はあとまわしです。

身体は未熟でも心は立派にあり、はっきりした意志もあります。それを誰よりも理解して尊重してあげるのが、お母さんの役割と考えてください。

赤ちゃんは胎内でも胎外でも、自分のいのちと心を無条件で、お母さんに委ねているのです。それを守るのが自然とお母さんの約束ごとです。

ここで赤ちゃんの身体の世話のことになりますが、ここではそれには触れません。赤ちゃんの身体の育て方の書籍は無数にありますから、それらを参考にしてください。

大事なのは赤ちゃんの心の育て方です。そのことに大きな影響があることをとりあげておきます。

まず母乳ですがそのことは前述しました。

つぎは、おむつのことですが、いま便利な〝紙おむつ〟といわれる化繊おむつが、乳児を育てているお母さんに重宝されて氾濫しています。

乳児教育の中では、布おむつはいいけど、紙おむつはトイレトレーニングが遅れるのであまり使わないほうがいいなどと、伝えている人もいます。

でも、なぜ化繊なのに紙おむつというのでしょう。何回使ってもサラサラして気持ちがいいと、気持ち悪いコピーをつけている商品もあります。

実は化繊おむつの中で、赤ちゃんの排尿を化学的に分解処理しているのでしょう。まあ〝おむつ〟という化学処理工場で、お尻をくるんでいるということです。さて、お母さんは「便利さ」をとるか、「赤ちゃんはどう感じるか」をとるかです。

赤ちゃんは言葉を話せない、意志を伝えられない。だからこそ赤ちゃんの気持ちを受けとめるのがお母さんなのです。

それにくらべ布おむつは、本当に手まひまがかかり過ぎ、お母さんは苦労します。いまは昔、子どもは手塩にかけて育てましょうとよくいわれたものです。

それで、適切にうまく布おむつと、化繊おむつを使い分ける、賢いお母さんになっていただきたいと思います。

あるとき講演会のあと、生後一カ月の赤ちゃんを抱いたお母さんが会いにきました。他のお母さんたちも寄ってきて、「まあ、可愛い赤ちゃん、抱かせて」と、つぎつぎと赤ちゃんのたらい回しでの品評会。

いいかげんにしなさいとまとめましたが。

子育てで大切なことの一つに、子どもの意志を無視してはいけない、というのがあります。

ところが意外に無視されるのが赤ちゃんの場合です。つぎに赤ちゃんの心と意志を大事にする事がらをまとめてみました。

まず当然、赤ちゃんにもプライバシーはあると理解しましょう。

赤ちゃんを見せもの扱いしない。

見知らぬ人の前でおむつ替えなど恥ずかしいことをしない。

色が黒いとか、顔がおかしいなど他と比較してプライドを傷つけない。

小さいからとバカにしたり、おもちゃにしない。

面白がって笑わせたり、泣かせたりしない。

これは当然として幼児や子どもにも当てはまるわけですが、中でも多いミスは誇りを傷つけることです。人の前で子どもを怒鳴りつけたりは止めましょう。

肌の触れあいがすべてのはじまり

十日ぶりに赤ちゃんを連れて自宅に帰ってきました。親戚や友人もお祝いにかけつけてくれます。

そこで赤ちゃんのきょうだいの上の子がいたら、お母さんは、帰るなり上の子に挨拶しましょう。「お留守番してくれてありがとう、寂しかった？　ごめんね、この子が弟よ」と。まず上の子に詫びて抱きしめるのです。この紹介が、仲のいいきょうだいを育てるはじまりになります。

たぶん上の子も二、三歳と思いますが、心ではしっかりと受けとめます。

これからお母さんは大忙しになることでしょう。いままでの子育てや家事に赤ちゃんの世話と、やることが倍の量になってきます。

忙しいときには上の子にお手伝いを頼みましょう。「お兄ちゃんがお手伝いして、お母さんを助けてね」と。はじめはぐずっても何度か頼むと、やがて手伝うようになります。

そのとき「まあ、お兄ちゃんがいて助かったわ」と抱きしめます。上の子は、たとえ二歳でも〝なんだ僕がいないと赤ちゃんは育てられないのだ〟と思うのです。この思いが、いいきょうだい仲を育てるのです。

ある会合で二十人の幼児のお母さんに聞きました。「子どもの身体にあるアザとホクロの数はいくつありますか？」と。

知っているお母さんはたったの一人でした。赤ちゃんのときから沐浴をさせて、入浴は三、四年いっしょにしていたのにです。

子どもの肌をよく見ていないのです。心は肌にあります。お母さんは沐浴のはじめからしっかり、赤ちゃんの肌を見て心の状態を知りましょう。

そのとき首回りから胸や背中、お尻と、表も裏もすべて見れます。心が荒れると肌も荒れます。よい状態のときの肌を覚えるためです。

すると自然にアザやホクロの場所や数も分かるものです。数カ月もたてば、赤ちゃんもいっしょにお母さんの膝の上に乗せて、身体の洗いっこをしましょう。

肌と肌の触れあいです。自然界の他の生き物はすべてが母と子はなめあいをして子育てをしていますが、人は自然から離れて以来しなくなりました。

子どもの心が見えなくなったのは、そのせいもあるのではと思います。

ときには幼児でも、せめてほっぺのなめあいなどをしてみてください。きっと新しい子どもの心が発見できるはずです。それは自然がすべての生き物に与えたすばらしい子育ての知恵だからです。

前にも述べましたが、いのちのエネルギーは各細胞の膜に集まり、つぎつぎと伝えあっていきます。そのときの膜動輸送（サイトーシス）という生理現象が、「愛」といわれる引きあう引力です。

この膜が、子どもの皮膚表面に露出しているのが肌です。愛の引力とは膜の強さのことです。愛が強ければ膜の感受性も高くなります。

いのちはもともと、この愛の受け渡しをはじまりにして成りたちました。愛のない孤独の状況では、いのちは成長も生きることもできないのです。それが自然のルールです。

子どものいのちを育むのも肌からの触れあいです。

子どもの心を育てるのも肌からの刺激です。

子どもの知能を発達させるのも肌からの快感です。

子どもを育成するすべての源泉は、肌からの触れあいということです。

たびたび伝えましたが、肌に心ありです。お母さんの愛と情のエネルギーは、肌と肌との触れあいではじめて赤ちゃんに注がれるのです。言葉だけでは決して赤ちゃんの心は充たされません。

これはスキンシップという単なる触れあいでは足りません。肌の密着は、圧力と温かさと面積の大きさが、注がれるエネルギーの量の多少を決めているのです。

赤ちゃんには、ぜひタッチングで抱き締めて愛と情をたっぷり注いでください。

第5章

心を大きく伸ばすコツ

――お母さんの思いを伝える子育ての秘訣

やさしい心を叙情で育てる

以前、東北地方で実際にあった話です。腕のいい猟師がいました。真冬の雪山で獲物に出会わず日暮れて帰りかけたとき、迷っていた子ダヌキを見つけました。ま、これでもいいかと捕らえ、タヌキ汁にでもして食うかと、鎖で土間につないでおいたそうです。真夜中に妙な物音で目が覚めたので、銃を手にして土間を窺うと、子ダヌキに何者かとりついています。

よく見ていると母ダヌキらしいのが、いろりの残り灰の熱いところに手を入れ、寒くてガタガタ震えている子ダヌキを、そのやけどをした手で何度も温めていました。しばらく見ていた猟師は静かにでていくと、逃げだした母ダヌキの後から子ダヌキを放しました。猟師はそのあと猟をすることを生涯止めたそうです。

近ごろ、子育てに欠けているのが、叙情《じょじょう》、つまりやさしい感情の伝え方ではないでしょうか。ある調査によると小、中学生の五十％がやさしさに飢えているとありました。子どもの心が荒れているのです。子育てにぜひ叙情を取り戻しましょう。子どもがやさしさに飢えると人への思いやりは育ちません。それは社会の心の荒廃へと悪循環していきます。経済や効率優先もいまの競争社会ではやむをえないのでしょうが、でも結局それは手段に過ぎないのです。人の目的は幸せになることではないでしょうか。

叙情は、幼児期に育てましょう。寝物語りやおとぎ話を、お母さんに抱かれて聞くことでやさしさを覚えていくのです。肌を通して叙情は伝わります、それが本当の感動といいます。幼児期にお母さんから受けた感動は子どもの一生を支える土台になります。

子どもは、肌への快感刺激とやさしい感動の中で育てると、知能も大きく発育します。脳細胞の活性化が活発に進むからです。心の安定と豊かさは、すぐれた知能とやる気の源泉ともなり、相乗増幅して子どもの心に自信を生み出していくのです。

いのちの大切さを伝える

ある晴れた日に、近くの河川敷に散歩に行ってボーッとしていると、二歳ぐらいの男の子を連れたお母さんが、子どもをハダシにして遊ばせています。砂利混じりの土の上で子どもが足が痛いよーと文句をいいだしました。

お母さんが「そうでしょう、もんちゃんを履いてごらん、痛くないから」と教えたら子どもは自分で靴を履きました。どうやら〝もんちゃん〟とは靴の愛称のようです。

お母さんも植物や動物、また小さな虫にも心があることは知っていますね。生き物はすべてそれなりの、心や魂それに意志を自然に与えられているので生物といわれています。ところが、じつは無生物、つまり土くれや石ころにも心があるのです。

ただ無機物の心は分子の世界です、動けないので連携もとれません。生物の心の百万分の一ほどのエネルギーではないかと思われます。それでもあることは間違いありません。物を大切にしましょうとは、その心を大事にということではないでしょうか。

このお母さんの素敵なのは、その心を子どもに伝えていることです。ハダシは痛い、でも、もんちゃんが足を守れば痛くない。子どもは靴に愛着を持ちます。具体的に助けられたからです。物はすべて人を助け守る力を持っているのを子どもに知らせたのです。

お母さんの前のお母さんから伝わる桐のタンス。人が見れば傷だらけの粗大ゴミであってもお母さんにはとても大切なものです。そのような形見の品は思い出が詰まっているからなどといいますが、じつは思い出とは受け継がれた心のことです。

子どもに「いま使っている物に愛称をつけてごらん、もっと役に立ってくれるよ」と、教えましょう。愛用の手帳でも手帳という一般称より固有名詞をつけると紛失しなくなります。物の心を子どもに伝える、それがいのちの大切さを育てる原点になります。

自己主張と自我主張の違い

以前、あるデパートの売り場で見ましたが、三、四歳の男の子が何かを欲しがって、売り場でダダをコネ座り込んで動きません。お母さんはそのうち頭にきたらしく、その子をバシバシ叩きながら、無理やり泣き叫ぶ子の手を掴んで引きずっていきました。

まあ、しばしば見かける状況ですが、お母さんの対応は皆さんそれぞれ違うようです。子育てには必ず保護と干渉の二本の柱が必要です。保護は別領域として、子どもの育成には当然〝しつけ〟があります。これは干渉ですが重要な領域になります。

しつけの干渉で大切なことは、自己主張と自我主張の違いを伝えることです。子どもが物にこだわり欲求を続けるのは、自我主張の抑制、つまり我慢を育成されなかったといえます。また子どもの心が要求するものを与えないと、自己主張の軽視となります。

子どもの明るいやる気は、自己を伸ばす、自我を押さえる、という育て方が作りだします。そして、しつけの原点は家事手伝いの中にあります。できるだけ一、二歳の乳幼児期から、どんどん家事手伝いをさせましょう。家事の働きの中に必ず我慢することが伝えられるからです。家事をよく手伝わせると幼児でも自我を押さえることを学びます。

ただ子どもに原点的なしつけをせずに、突然、無理やりお母さんの思いどおりに子どもを動かそうと、体罰などを加えないようにしてください。このようなしつけは、子どもの心の奥に深いトラウマ（心的外傷）を残すからです。

もしはじめのような状況になったときは、お母さんは、子どものいうとおりには出来ない事情を説明してあげましょう。まず我慢の仕方を伝えなかったことを詫びます。三、四歳の子どもと思わず対等に話します。どうしたら理解させて納得させられるか、こんどは、お母さんが我慢して努力しましょう。またその子どもに相談してみるのも効果的です。

身ぶり手まねの言葉を使う

電車内で座席に座っていた女子高校生？　が、誰かに目でパチパチと合図しているので、しばらく見ていると隣の乗客が降りました。通路に座っていた友だちらしい子が合図を受けたのか、すばやくパッと入れ替わりに座りました。見事な連携プレイで、そばに立っていたお年寄りも少々あきれ顔で見ていました。

目くばせとか、ウインクが、テレビの影響なのか若者たちに流行っています。子育てにはもっとよい意味で大いに使いたいものです。

「子どもの言葉の遅れが心配です」と、幼児を連れて相談にきた人がいました。ふと、そのお母さんの言葉が多過ぎるのが気にかかりました。連れてきた子どもが一言話すと、お母さんは十言ぐらいしゃべります。子どもが話す間もないようでした。「一週間に一日ぐらいは、言葉を使わないで意志を伝えてみたらどうですか、〝口〟以外の触覚、嗅覚、味覚、平衡覚、視覚の五感を使って伝えてみて…」と話しました。

用事は〝身ぶり手まねで〟愛情や感情は〝肌の触れあいで〟伝えるといった具合です。お母さんは変な顔をして帰りましたが、十日ほどして連絡がありました。お母さんの言葉数が少なくなった分、子どもの言葉が多くなったそうです。

ほんらい言葉は心を伝えるために作られたものですが、いまでは心を傷つけるほうに使われるのが多いようです。無音の子育ては意外に子どもの言葉を引き出す強い力を持つのです。言葉の押しつけでなく、せっかくの五感をもっと上手に使いましょう。

あの二十世紀の偉大な社会福祉指導者、ヘレン・ケラー女史は、二歳で盲唖となりましたが、サリバン教師の肌から肌への教えに従い、世界中に福祉の心を伝えました。言葉は音感だけでなく、他の五感覚に感じさせる無音の言葉もあるのではないでしょうか。

対話にオノマトペを組む

はじめての赤ちゃんを育てている、新米ママさんのグループでお話ししてきました。お母さんたちに「皆さん、ピッカピッカの一年生ですね」、といいましたらキョトンとされてあとの言葉につまりました。少々古過ぎたのでしょうか。

ちょっと前、懐メロ（懐しのメロディ）といわれた歌曲が流行ったときがありました。

それもいまでは言葉自体が〝懐言葉〟になっています。時代の流れ、表現の流れ、文化の流れ、日ごと目まぐるしく進化？　のスピードを上げています。

コンビニあたりで、女子中学生同士の話し合いを聞いていると「パパ、チュパ、ニュルニュル」とか、何国語か判らない言語を飛び交わしています。さらによく聞いていると、高校や大学生の先輩らの表現は、すでに〝オジン、オバン〟の言葉だと切り捨てていました。人々の意志の疎通で文化は伝わるとすれば、先行き心もとない話です。

ただ子育ての本質的なルールは、時代の流れには左右されません。六感覚での接触からですが、まず、お母さんの意志を赤ちゃんに伝えることからはじまります。それも、言語的より感覚的疎通からはじまります。そして喃語《なんご》、つぎに幼児語、やがて児童語と言葉も成長しますが、時代によって先の中学生語などと足踏みすることもあるのでしょう。

言葉の中に擬態語というのがあります。つまり、オノマトペ（onomatopee）のことですが、子育てに使うととても役立つときがあります。お母さんがピカピカの一年生の場合、赤ちゃんのほっぺにベタベタ、ペロペロしながら抱いてあやしますね。

案外、意志のなかなか通じない乳幼児でも、この擬音、擬声語を交えると、スーッと話が理解されるものです。子どもの理性に訴えるよりも、感性に直接呼びかけられるからです。お母さん、もっとジャブジャバとオノマトペを使ってみましょう。

0と1のあいだを育てる

春爛漫の和らぎに桜も満開か、という間に真夏の焼きつく太陽の暑さ、暑い暑いと思うともう秋の名月。自然はいつもゆっくりですが、確実に季節を変化させてきます。

いまは〝ネコも杓子も〟（古ぼけた表現ですね）デジタル、デジタルと踊る社会です。その昔、何にでも「文化」と名づけ、文化包丁、文化トイレ、文化バケツ、文化ツケモノなど、聞き飽きるほど文化が溢れた時代がありました。それがいまはデジタルになったのでしょう。まあ、計数できるものはデジタルに置き変えて、ずいぶん便利になったものもいろいろあるのですから、結構、進歩したはずというべきなのでしょうか。

ただ自然は、ミクロからマクロまで、すべてアナログで動いていることを忘れないようにしたいものです。とくに子育ては自然の中でももっとも自然な行為ですから、ぜひ自然なアナログ思考で対応してほしいと思います。

デジタル思考でいけば子どもの育て方は、すべてが○×式で判断されています。0か1かの二択になるようです。この四捨五入の考え方を子育ての心を育てる領域に入れるのだけは避けたいものです。子育ては0と1のあいだの無限の可能性を育てることです。「クラスのテストで六十点以上なら大好きで、四十九点以下なら大嫌いだよ」といったような、好き嫌いの評価にまで点数を持ち込むお母さんはいないと思いますが、似たような話を聞いたことがあります。短所をマイナス、長所をプラスとして計算して子どもの愛し方を決める人もいますが、それがデジタル思考というものではないでしょうか。

お母さんが子どもに愛情を伝えるときは、子どものあるがまま、短所も長所も含めて受け入れることが大切です。子どもは無条件の愛のエネルギーを、自分の短所を直す力の源泉にするからです。子育てにはアナログ思考で対応するお母さんになってください。

ときに気らくに気ながく

近ごろは多くの物事がインスタントばやりになっています。食べ物でも即席麺など便利でよく使われますね。冷蔵庫の中はレトルト食品がどっさりなどとはないでしょうが、たいていの家庭ではうまく利用しています。皆さんのお宅ではどうでしょうか。

電子レンジでチーンと三分間、はい、出来ました。頂きまーす。よくある風景ですが、この即席食品、解凍や調理のタイムは案外難しいようです。

早過ぎてもダメ、遅過ぎるともっとダメ。ちょうどいい加減というのがなかなか難しいものです。

子育てでもこの〝ちょうどいい加減〟を知ってうまく使いたいものです。いい加減というと一般的に悪い意味にとって、だらしないルーズだなどと思われてますが、本来はもともと〝ちょうどいい湯加減〟などと、ほどほどの意味で使われていたものです。

お母さんの中には、子育てに必死で取り組むあまり焦りまくり、あれができたら次はこれをしなさいと、子どもに熟成する時間も与えず、子どもを追い立てる人もいます。

子育ては即席ではできないのです。間が必要です。お母さんもゆとりがないと辛くなります。

ときには肩の力をぬいて、少し気楽にしてみましょう。子どもへの見方も変わるかも知れません。

焦ると周りの物事を見間違えることもあります。とくに、子どもを注意したり叱るようなとき、一呼吸の間をおいて考えます。いま自分の目の形は丸いか三角か？　と。

これがゆとりです。お母さんが焦らない子育てをすると、子どもは安心して従います。すると社会性や親和力がグングン成長しだします。焦りの子育ては、子どもに窮屈な思いをさせ、ときに怯えの芽をつくりだし、自信喪失を生みだしかねません。

子どもがなにか失敗したとき、「あら、ミスったのね、いいから、いいから、つぎから注意しようね」と、おおらかに教えます。すると子どもはお母さんを信頼し尊敬します。

お父さんもエレメントの胎教を

つい先日の話ですが、電車の中で隣の席の三十歳ほどの女性が「ブッブッ」と一人ごとをいっていました。なんとなく聞いていると、「アーちゃん、いまから可愛い産着を買いにいくのよ」。そう、「これは妊娠中のお母さんの胎児との会話か」と感じ入りました。

子育てのはじまりは、胎児期教育でのコンタクト、つまり胎教からですから、このお母さんも、きっと素敵な赤ちゃんを産み育てられることでしょう。

ある胎教のセミナーで、参加者の中の〝黒一点《こく》〟の男性が、「私たち男性にはあまり関係がないことですね」と話に身が入らないようでした。

私たちの身体は、約六十兆の細胞（セル・cell）で作られているのは、よく知られています。そして毎日約五百億の細胞が入れ替わっています。つまり生まれ変わっているのです。大人の身体では一部をのぞいて、ほとんどが約三年で総入れ替えです。

それは身体的に、三年間隔で新しい体に変わっているということです。でも、そんな感じは全然しませんね。自然に細胞自体がエレメントとなり、次に生まれる細胞に自分の役割と意志を伝えているからです。つまり細胞自身の胎教です。

お母さんは、子どもが二、三歳にもなったら、この話を伝えましょう。つまり女性でも男性でも私たちは、毎日五百億もの細胞の赤ちゃんを産み育てているのです。ですから当然、男性にも胎教の実践は必要なのです。

私たちの心は、このエレメント（element）の連携意志ですから、心が荒れると細胞も荒れ、肌も荒れます。それで肌へのソフトな快い触れ合いが、全身の細胞へのよい胎教となり、心身の健康を守ってくれるのです。

胎教の大切さは男女の区別なく重要なのです。お母さんお父さんも子育てや健康づくりに、心穏やかにエレメントの胎教をしましょう。

酸性かアルカリ性かそれが問題だ

あれあれ、風呂場の片すみの湿気の多いところの、あちらこちらにカビが生えています。嫌な感じです。でも見方によってはカビから発見されたペニシリンのように、人のいのちを救うこともあります。そのうっとうしい梅雨どきも過ぎ去ると、やっと晴ればれとした初夏の日差しが、木の葉の上にもキラキラ光るようになります。

宇宙飛行士が地球を眺めて思うのは、「真っ暗い宇宙に青く輝く、美しい水の惑星である」ということでした。水が私たちのいのちを生みだしたのですね。

水がいのちの母ですから、子どもの心身の状態は、子どもの水質を知れば分かります。お母さんは子どものほっぺや肌をもっとなめてみましょう。

ただ、ウエットさが大切といっても、極端にベトベトがいいというわけでもなく、水がいのちといっても、かゆい水虫まで大切に飼う必要はありません。

私たちの体液の酸性やアルカリ度は、pH七・三八が一般的な中性状態で、なめると甘酸っぱくいい味といえます。子どもの心身の健康が安定しているときです。

心にストレスを受けると一、二秒でpH六〜と変動し酸性度が強くなり、味は渋く苦くなります。情緒が不安定になると体調も狂いだし肌も荒れてきます。

もともと体液が中性のときの人の肌は、しっとりツルツルしていますが、情緒不安や悩みを抱え続けると酸性度が高くなり、その状態のままだと病変することもあります。

赤ちゃんや幼児を育てているお母さんは、この子どもの肌の状態で心の状態を知ることもできます。乾燥した肌はとくに要注意と気づきましょう。

子育てにおいては、子どもの体液質の変動に気づくお母さんになってください。よりできるだけ子どもを抱きしめ肌をなめて、その味から体調や心の状態を感じましょうということです。

自然が男の子に与えた命題

さて夏は暑い、冬は寒いということは分かり切ったことですが、いつも自然は循環して変化していきます。こうして自然界はすべてがバランスを保っているわけです。

あるお母さんの話です。「私の子どもは六歳、四歳、二歳と全員男の子で、嫌になります。ところがどうしてか、友人の家では子どもが三人とも女児ばかりなのです。どうも自然はバランスがおかしいと思います」。そういえばよく聞く悩みです。

ただ全体の数は、不思議なことに三十数億の女性と三十数億の男性と、だいたい男女のバランスは合っているのですが、いつも出生時は何％か男子が多いのです。

これは自然なりの大きな理由があると思われます。

生態系では男性群の消耗が激しいと判断されているのでしょう。これは別に男女の優劣論と関係ない生態系の話です。

先にも述べましたが、私たちは受胎して二週間はすべて女性体なのです。つまり人のはじめは女性であったということです。自然がほ乳類に与えたのは母性本位の生態系です。

受胎三週間でそろそろ、受精した精子の持つ性染色体のＸ・Ｙ因子の違いで性が決まっていきます。

自然界では、女の子はそのままでも女の子に育ちます。男の子は胎内で大改造されて、やっと男の子になれるのです。受胎したときからが大変です。そのあとも二百六十日ほど子宮内で、女性ホルモン漬に耐えて誕生してきたわけです。嫌がらないでください。

確かに男の子は、胎児のときから多くのプレッシャーを受けています。それだけにより叙情の育て方を欠かさないで伝えます。将来きっと優しくお母さんを守ってくれます。

男の子を育てるお母さんにお願いしたいのは、自然が男の子に与えた命題、弱者を守り保護しようとする自然力を、さらにのびのびと伸ばしてあげることです。

小さな動きの引力も性格をつくる

朝早く登校、登園する子どもをお母さんは手を振って送ります。「気をつけて、行ってらっしゃーい」子どももにっこり応えます。

家庭に大切な人を招待してもてなしたあと、帰られるお客を玄関までお送りするのは当然ですね。これは副次的な礼というよりも、より大切な摂動（せつどう）という動きになります。

子どもの心の性格づくりは、まずはお母さんとのかかわり合いの動きから方向づけられますが、幼児期を過ぎると直接的なものより、この例のような副次的な摂動という、お母さんからの運動引力に影響を受けて性格が育ちます。

子育てで乳幼児期はともかく、児童期になると、多くのお母さんがこの摂動の子どもに与える影響を軽く見過ごしています。

実際に子どもは、ちょっとしたお母さんの気配りやしぐさを、愛情の形として受取り、性格づくりの栄養源としているのです。

子どもが児童期や少年期になると、なぜか子育てからこの摂動の表現が抜け落ちていきます。それで多くのお母さんの悩む愛情のすれ違いがはじまるのです。

愛情のすれ違いが続くと性格が荒くなるので、ほとんどのお母さんは言葉で直そうと、何かと話し合いを増やしたりします。でも言葉は性格に影響を与えるような力はありません。心の要素の性格は理屈から育ったものではないからです。

言葉で愛情を伝えようとしても子どもには無理な話です。子どもは直截的ですから具体性が必要です。それがこの摂動という小さな動きの積み重ねです。

子どもに対応する日常の触れ合いのときに、お母さんがよりよい摂動の動きやしぐさを使っていれば、子どもの性格は明るく素直に育っていくことになります。

許容内力を大きく育てる

運動会も近くなると、子どもたちの健康診断もはじまります。激しい運動に耐えるだけの基礎体力があるかの準備テストですね。これは一般の大人が参加するマラソン大会などでも必ずあります。途中での事故を防ぐためです。

ただこのチェックは身体の健康状態のことで、許容運動量を計るためのものです。普通大人は十キロほどの荷物はなんなく手に下げられますが、幼児には無理なことは分かります。許容体力をオーバーしているからでしょう。

お母さんはこの許容内力のことを心の子育てにおいてもっと心してほしいと思います。身体の許容体力だけでなく心の許容内力を強く大きく育てることです。

近ごろ子どもの心がわずかな（大人の見方）ストレスでキレまくり、事件まで引き起こしています。許容内力の弱さですね。

近年、子どもをとりまく教育界から家庭の子育ての領域にまでおいて、この許容範囲が狭くなってきました。それだけ競争と選別が子どもへのストレスを増加させています。ただ一方、心の許容内力、つまり忍耐力の育て方が不十分なのは明らかです。

しかし許容内力は厳しい環境でしごけば育つものではありません。一本の苗でも育てるにはよい環境と豊かな水や肥料が必要です。著名なロシアの文豪のいった〝嵐は木を育てる〟は木になってからのことです。双葉の苗に嵐をあてたら枯れるのは当然です。

子育てでは、ささいなミスに目くじら立てず、大らかに許容範囲を大きくして〝いいから、いいから〟と受け入れましょう。それが子どもの許容内力を強く大きくする貴重な肥料になります。

また、しつけは三つのルール、情調、体調、親和性を肌から与えましょう。許容内力が大きくなりストレスにも強い子どもに育ちます。

子どもに惚れて育てよう

あるとき講演会で百人ほどのお母さんに「子どもを愛していますか？」と聞きました。するると全員の手が挙がりました。つぎに「子どもに惚れている人？」と聞いたところ、約三分の一の三十人ほどに挙がる手が減ってしまいました。趣意が通じたのでしょうか？

実は子育てで子どもを愛するのは当然です。でも、より大事なのは子どもに惚れることです。実際には愛しているはずの子どものアラ探しをしているお母さんが多いからです。

「子どもの欠点は？」と質問すると、「グズでのろまで弱虫で、消極的で集中力がない」などとたちどころに十ポイントぐらいあげてくるものです。

ところが反対に、では「長所は？」と聞きますと「えぇっ、まぁ、あまり気づきません」という返事です。長所は挙げても、せいぜい一か二ポイントでした。

それで「イイとこ探しを考えてみましょう」と話したら「あっ、そういえば、とてもやさしいところがある」と思いだして手を挙げた人もいました。

昔の言葉に、惚れてしまえば〝あばたもえくぼ〟という面白いものがあります。本気で好きになれば欠点も長所になるというのですね。案外、子育ての本質が含まれている感じがします。愛しているのなら本気で惚れましょうということです。

できましたら百人のお母さん全員が、子どもに惚れてほしいのが願いです。惚れるとは無条件の愛情です。何々が他の子より優れたら愛するとか、○○が良かったら愛するとか条件付ではありません。子どもはそれを感じとる力を持っています。

お母さんに惚れられた子どもは強い自信を持つようになります。その自信が子どもの心に自分自身の欠点や短所を補い、直していくエネルギーの源泉になるのです。お母さんも子どものイイとこ探しをして、もっと惚れ直してみてください。

触れあいは長さより質の高さ

統計によると働きながら子育てをしているお母さんは、七十％を超しているそうです。たいていのお母さんが仕事をしながら子育てをしているわけですね。この兼業主婦の子育ては毎日限られた時間に追われ、大きな負担を強いられています。

幼い子どもに〝ああもしてあげたい、こうもしてあげたい〟と思いながらも、いつも結局、時間切れということがあります。

子育てで大切な触れ合いや、抱き締めもおざなりになって、なんとなく気が引ける場合もありますね。

ただ母と子の触れ合いの深さは、その時間の長さでは決められません。大事なのは質の深さです。

子育ての本質は愛情のエネルギーの伝え方ですから、伝え方の質を高めれば十分に時間の不足を補うことができます。

例えばスキンシップより、タッチングのほうがエネルギーは伝わりやすいのです。言葉もかん高い声より、倍音の多いソフトな声が、はるかに愛情エネルギーが子どもに伝わるということです。仕事をされているお母さんは時間が少ないだけ、接触の質を高め（抱き締めるとき圧力を加えるなど）濃縮してあげればよいのです。

子どもが二、三歳にもなると体重も重くなり、なかなかおんぶとか、抱っこもできなくなりますが、子どもはいつもして欲しいことです。たまには添い寝もしてあげたいものです。保育園や幼稚園に通園していてお母さんを待っている子どもは、だいたいが寂しい思いをしています。接触の質を上げただけで子どもは案外に強く育つものです。

トラウマを残さない子育てを

いま欧米諸国では健康志向で日本食ブームだそうです。日本では逆に洋食、中華、アジア系食品などが食卓を賑やかしています。いったいどうなっているのでしょうか？

よく薬食同源とかいわれ、子育てでもお母さんは、食材の衛生面から栄養まで食養には気を使い苦労して調理しています。子どもの後々の身体の健康を守るためですね。これは乳幼児のときの食事のバランスが子どもの体質の土台になるからでしょう。

このバランスとは栄養学的なものではありません。生物生理の必要なものをいいます。例えば十ポイントの食事内容でしたら、穀類四、野菜類三、魚介類二、その他一といった食材種の割合のことです。地上の大きな生物はみんな雑草食で、立派な筋肉と丈夫な身体を作っています。子どもにもっと雑穀、野菜を食べさせましょう。

このバランスを崩した食事を子どもに長く続けると、後々虚弱体質とか若年成人病などの体調の狂いの副作用、つまり後遺症がでてくるようです。

子育て食養で大事なのは、時の風潮に流されたり、子どもの好き嫌いに迎合しないで、後々の後遺症に気配りすることです。

とくに肉類を多く糖分を過分に与え続けると、体液は常に酸性化して、性格的にも耐性のないかんしゃく持ちになる例が多いのです。

これは食べ物のことだけでなく、子どもへの接触や甘えさせ方やしつけの仕方にもあります。子どもの心の後遺症を忘れた対応で過ごしていますと、いつしか子どもの心にストレスや欲求不満が蓄積され、それがトラウマ（心的外傷）として残ります。

子どもの身体の変調は医学的な治療で直すことはできます。ただ心の性格の歪みは簡単にはもとに戻りません。子どもの心にトラウマを残さない子育てをしましょう。

天才は育てられるものだろうか？

ある講演会で「宝くじに百パーセント当たる方法があります」と話したところ子育ての

話より、そのことが聞きたいと質問が殺到しました。

「講演のあとでいいます」と後回しにしましたが、やはり○○がからむと、これだけ皆さん聞き逃さないようです。

精子はだいたい二億分の一の確率で受精され、子どもは産まれます。宝くじの一等の確率は二百万分の一。

交通事故で不幸にあう率は去年の統計で一万三千分の一。宝くじに当たるより交通事故の心配をするほうが、論理的ではないでしょうか。

子育てで考えたいのは、子どもはすごい確率の中をくぐり抜けて産まれてきたということです。それは最高学府といわれる大学の入学率など問題にならない難関です。

子どもはすべて、自然から選ばれた最高の才能、天から与えられた能力、つまり天才を持って産まれてきているのです。これはオカルトではなく自然科学です。

子育ての秘訣は、この天から授かっている能力を、どうしたら消耗させないで伸ばすかだけです。面倒なのは子ども一人ひとりがそれぞれ違う天才を持っていることです。

実際に子どもは、毎日のように能力をすりつぶして生きています。子ども社会が不自然になっているからです。すてきなお母さんは、自然とともに、子どもの天から与えられた才能を守っています。子どもの力を理解することからはじめましょう。

簡単にいえば、アラ探しを止めて、よいとこ探しに方向を変えればいいのです。子どもは皆天才を持ってて産まれてきています。子育てのコツは、子どもの長所を伸ばし、その力で自身の短所を「○○ちゃんならできるよ」と直させていくことにあります。

ちなみにはじめの〝Q〟の答は、「くじを全部買い占めれば必ず当たります」です。

子育てのアクセルとブレーキ

ついこの前、ある会合に呼ばれ駅前からタクシーに乗りました。会場の場所が分からずうろうろして二十分も遅れ、到着した会場から振り返ってみたら歩いて五分の場所でした。一見便利な車社会も渋滞すると、二本足のほうが早かったというわけです。

アクセルとブレーキ。この作用は私たちも含めいのちのすべてに存在していますが、とくに子どもを育てるときに意識してほしいのは、自然は弱いいのちほど敏感なアクセルとブレーキを生理作用として与えていることです。

自律神経は、交感神経と副交感神経で子どもの意志と関係なく、子どもの心身を支配しています。子育てはこの拮抗する自律神経を、どうまく使いこなすかでもあります。子どもの行為に干渉、つまり指図し命令し続けると、自然と子どもの脳内にドーパミンを誘発、興奮してはしりだします。アクセルを踏み続けることになります。

また抱き締めなど、やさしい保護接触を与え甘えを受け入れると、子どもの自律神経はセロトニンを誘発、鎮静化します。ブレーキを踏むことになります。

この拮抗する自然のルールを上手に運転すると、子どもは目的地に早く到達できるわけです。アクセルばかりですとストレスで事故ります。ブレーキばかりですと渋滞で動かず目的地にいつまでも着けません。

車でも年中アクセルばかりふかし続けると、どんな金属でもすり切れて金属疲労を引き起こすように、子どもの心もいつか許容内力（忍耐力）の低下を引き起こします。ときにはブレーキをかけて休ませ、疲労の回復を計りましょう。

いまある子どもの事故の多くは、この拮抗する自律神経のバランスの失調が招いています。子育てにアクセルとブレーキを上手に使うお母さんになってください。

ねむりはいのちのメンテナンス

夜半に突然泣き出して寝つきの悪い、生後二カ月の女の子を育てているお母さんからの相談に「赤ちゃんも怖い夢を見るのでしょうか」というのがありました。

これには「当然夢を見ます」と答えましたが、赤ちゃんだけでなく妊娠中の胎児も夢は見ています。

べつに胎児や赤ちゃんの脳波や心電図などを測定しなくても、赤ちゃんの睡眠中のしぐさや動きの反応を理解すれば分かるものです。

人生の三分の一がねむりの時間とすれば、だいたい二十七年間は人はねむっていることになります。これほど大切な時間です。よりよく使いましょう。

ねむりは休養の時間と考える人もいますが、子育てではもっと大事なこともあります。子育てには保護と干渉に放任の三つの領域があるわけですが、この一つの放任として自然は成育のルールに従って、ねむりといういのちのメンテナンスの領域を与えたわけです。

子どもが熟睡し安静にしているときに、自然は子どもの全身の保守点検をしているのです。具合の悪いところがあれば直し、また成育が未熟なところがあれば発育を促進させます。

　放任は放り出すという意味ではなく、自然を信頼し任せるという育て方です。

「寝る子は育つ」と昔からいわれていましたが、よく熟睡する子は心身が安定しているので、自然のメンテナンスがうまく働くということです。

　子どものねむりを妨げるのは、保護の不足と干渉の多さです。この二つのアンバランスが、ねむりを不安定にするのです。お母さんは気づかなくても、子どもに嫌な干渉が多くなれば、緊張と不安という意識下の怯えが夢となってねむりを浅くします。

　このときは「よしよし、いい子ねぇ、大好きよ」とお母さんは子どもに保護の刺激を多く与えます。これが安心と満足という心を穏やかにしてよいねむりを誘うコツです。

第6章

子育ての悩みQ＆A

——お母さんの子育ての悩み相談の実例

Q１「反抗的な娘のしつけはどうしたらいい？」

「四歳の長女のことでご相談致します。幼稚園に行き出してから一年半になりますが、このごろ急に反抗的になり、何かというと口答えして、家事の手伝いなど全くしなくなりました。

厳しくいうと『ママなんか大嫌い』と泣きわめきます。二歳の弟のほうがまだましで皿洗いなど手伝ってくれます。

園での友だち関係か、反抗期のせいかとも思いますが、どのように対応すればよいのでしょうか、ご助言下さい」

K・Rさん（三十六歳）

A1

はじめに、子どもに反抗期などという時期はないことを分かってください。もともと子どもが反抗するのには理由があります。それを理解しようとしない大人が、こじつけた言い訳の用語です。まず、下の弟と比較するのはやめましょう。

たぶん上の子はたえず下の子と比較されてくさっているのです。甘える対象を弟に奪われたと思い込み、それが反抗的態度に現れていると思います。実は、反抗と甘えは一枚の紙の裏表と考えましょう。この子は寂しいのです。甘えを受け入れてあげましょう。

夜間の対応を変えてみます。上の子とだけしばらく添い寝をしてみます。抱いて「お母さんは○○ちゃんが一番好きなんだよ」と伝えます。でも、すぐにはその子は信じないでしょう。すねているからです。繰り返しが必要です。

子どもにはお母さんの肌の影響力は絶大です。自信をもってこの子に触れることです。反抗期だからなどという色眼鏡を外せば、子どもの心が見えてきます。

Q２「内気な性格を直したい」

「二歳の男の子のことでご相談いたします。

一人っ子のせいか内気で、とても人見知りが強く友だちもいません。人の中に連れ出すとなにかに怯え、私のかげに隠れて前に出ないのです。同い年の子どもたちと遊びなさいと、厳しく叱ると泣きだします。

やっぱり一人っ子で甘やかしたせいでしょうか。このままでは幼稚園など集団生活にも入れそうもなく困っています。どうしつければよいのでしょうか」

Ｉ・Ｋさん（三十三歳）

A2

これは一人っ子のせいでも、甘やかしたせいでもありません。親和性のしつけがなされず自信喪失の状態になっていると思われます。

子どもの心の親和力は、二つのしつけで育ちます。

一つめはお母さんに愛されていると思う確信。二つめはお母さんに必要とされている確信です。

だいたいが一つめは愛情のすれ違いが多くお母さんの思いのように子どもに伝わっていません。伝え方を具体的に見直しましょう。

つぎの二つめは、子どもの必要性を認めることですが、これがなかなか難しいものです。子どもは赤ちゃんでも、お母さんに笑ったりして働きかけます。つまり認めてほしいからです。

お母さんは子どもが歩けるようになったら、何事でもどんどん用事を頼むことです。そして『ありがと、○○ちゃんがいてお母さんは助かるわ』と、いつも喜びを伝えるのです。

本当のしつけは、親の思うとおりに子どもを動かすことではありません。子どもの心に生き方への自信を与えるための最小限の干渉の仕方と覚えてください。

Q3 「気弱い性格を強くしたい」

「五歳の男児のことでご相談いたします。

なぜか性格的に気弱く、幼稚園でもいじめられているようで友だちもいません。下の三歳の妹のほうが気が強くてケンカをしても、いつも妹に負けます。これで小学校に行きますと、いじめられ不登校になりそうで心配です。

なにかの育て方が不足したとは思いますが、積極的な強い性格に変えるには、どのようにしつければよいのでしょうか、アドバイスお願いいたします」

H・Fさん（三十七歳）

A3

近ごろ、このような相談が多くなってきました。これは性格的なことではありません。『育て方の不足では？』とお母さんも思われているように、親和性の育て方が不足したのではと感じます。

親和性が不足すると子どもは自信喪失に陥ります。あるデータによると、いまの小、中学生の五十％が自信喪失になっているといわれています。

親和性を強化するには、まず、子どもの心の甘えを充たすこと、つぎにその子の必要性を伝えることですが、これがいまの子育てに不足しています。お母さんの育て方に具体性が少なくなっているのです。つまり愛情を伝えるのは肌を通すこと、圧力を加えることです。また必要性を伝えるのは、子どもが幼児でもたえず頼りにして相談することです。『○○ちゃんがいて助かったわ、ありがとうね』この対応で子どもは変わります。親和力が強くなれば子どもの心に自信が生まれます。それが積極的な行動力の源泉になるのです。対応に具体性がないと自信喪失は直らないことを知りましょう。

Q4「乳離れの遅い子の卒乳は？」

「一歳十カ月の男児のことですが、いまだに乳離れが出来ません。卒乳させる仕方を教えて下さい。

いま次の子を妊娠中で九週目です。お医者さんにはもう子どもに母乳は飲まさないほうがいいといわれましたが、この子が聞き入れず飲みたがりダダをこねます。

普通の食事はきちんと食べているのに、いつまでもオッパイを欲しがるのは、なにかわけがあるのでしょうか、ご指導ください」

H・Hさん（三十一歳）

A4

下の子を妊娠すると慌てて断乳する人がいますが、お母さんの卒乳という考え方はいいですね。無理に断乳しようとオッパイにお化けの顔を書いたり、乳首にとうがらしを塗りつけて脅したりするのは、子どもの心にお母さんへの不信感を植えつけるので止めましょう。たぶんこの子は甘えが充分充たされていないのではと思われます。

肌の接触不足が乳離れを遅らせているのでしょう。添い寝をして肌の触れ合いを増やしてあげることです。そしておなかの赤ちゃんのことを話します。「○○ちゃんの弟か妹がいまおなかで育っているから、その赤ちゃんのためにお乳を取っておきたいの、○○ちゃんもお母さんに力をかして。お願いね」と、やさしくなんども抱きしめます。

オッパイにほおずりさせたりまではいいですが、授乳は止めましょう。妊娠九週は不安定期の最中です。医師のいわれるとおり、授乳を続けるとプロラクチンやオキシトシンという母性ホルモンのバランスを崩し流産の恐れにつながるからです。

Q5「家事手伝いをさせたい」

「五歳になる男の子ですが、下に二歳の妹がいます。この妹は家事の手伝いなどよくしてくれていいのですが、お兄ちゃんは全くしてくれません。

先生の本には子どもに家事手伝いをさせないと、人の働く意義が分からなくなると書かれていましたので、なんとかさせたいのですが、自分の食べた食事の後片付けもしないのです。小さい時から甘やかしたせいと思いますが、直し方はないものでしょうか」

T・Nさん（三十六歳）

A5

子どもに家事手伝いを覚えさせるのは、一歳ぐらいからがいいのですが、一般的にはなかなか難しいようです。

だいたい下の子が生まれる前からさせていると、そのあとも嫌がらずにするものですが、下に赤ちゃんが生まれて急に手伝いを頼むと嫌がるものです。

きょうだいが生まれるとたいてい上の子は疎外感を持つからです。つまり拗ねだすわけです。手伝いしたくてもわざとしないというものです。

まず、その疎外感を少なくすることからはじめましょう。「お兄ちゃんが一番大好きよ」とたびたび言い聞かせます。

そしてお手伝いは、指図や命令調ではなくて頼むことです。「赤ちゃんを育てるは大変だから、お母さんを助けてね、お兄ちゃんが頼りなの」というようにするのです。上の子には、自分がお母さんに必要なんだと自信を持たせるようにします。

大事なことは、手伝ってくれたあと必ず「ありがとう、○○ちゃんが手伝ってくれて、本当に助かったわ」と抱きしめてあげることです。

Q6「しつけのコツを教えてください」

「一歳半の男の子ではじめての子育てです。しつけがうまく出来ないのでご相談します。朝起きての洗面から歯磨きまで、手取り足取りしないと、自分からなに一つしようとしません。いくら言葉で言い聞かせても全く動かないのです。

着替えたパジャマの後片付けもしないので、イライラして叩きたくなります。

しつけは言葉だけでは出来ないものでしょうか。しつけのコツがあればお教えください」

Y・Hさん（三十一歳）

A6

子どもに生活の知恵を伝えるしつけは、コツというよりルールがあります。時期は乳幼児期からはじめたいものです。家事手伝いをさせて伝えるのが最良でしょう。

しつけには情調のしつけと、親和性のしつけと、体調のしつけという三つの領域がありますが、それぞれの伝え方に微妙な違いがあります。コツというならそのことでしょうか。

相談の場合は、体調のしつけ（グルーミング）の領域になります。このしつけはすべての生き物の基本的な生活習慣のはじまりにあるものです。しっかり伝えておきましょう。

コツは身体に快感を与えることです。歯を磨き顔を洗う、そのとき子どもが快感を感じるのが大事です。小さなことでもすませたあとさっぱりしてさわやかになるなどが大切です。また、お母さんは「ほら、気持ちいいでしょう！」とほめてあげて達成感を持たせます。

大切なのは身体の快感と同時に、この心理的な満足感を与える事です。当然、お母さんも一緒にして気分がいいのを強調するのもより効果的となります。

Q7「きょうだいを仲よくさせたい」

「四歳と二歳の男の子を育てています。なぜかきょうだい仲が悪く困っています。何かといえば殴り合い、おもちゃの取り合いから、食卓の皿の盛り方のくらべまで大騒動です。小さい時から差別なく育てているのに、長男の方はいつも私が差別すると食ってかかります。

ケンカの原因はつまらないことなのですが、長男が大きいクセに本気で弟をなぐるのでついつい叱ります。仲よくさせる方法をご助言下さい」

T・Mさん（三十一歳）

A7

よくあり過ぎる相談です。きょうだいは「物は差別なく、心は区別して」育てたいものです。このことは、たいていのお母さんは何気なく見過ごしていますが、案外あとあとまで尾を引き、仲の悪いきょうだいになることがあります。注意しましょう。

子どもの情緒は絶えず変化しています。何かで落ち込んだり、また何かで調子づいて興奮したりします。とくにきょうだいの場合は上の子の方が振幅が激しいものです。そのときどきの情緒不安定な子どもの方へ区別した対応（愛を充たす）をしたいものです。

ただ、お兄ちゃんだから我慢しなさいでは、欲求不満を抱えこませるだけです。かえってそれが弟への八つ当たりになることも多いからです。

きょうだいケンカのとき、お母さんは裁判官になってはなりません。裁くようなことがらではないからです。情緒のことは情緒で対応しましょう。「お母さんが間違ってケンカばかりするきょうだいに育てたのね、ごめんなさい」と悲しみ泣く方がしつけに役立ちます。

Q8「情緒不安定は生まれつきか？」

「一歳半の男の子ですが、落ち着きがなくいつもイライラし、情緒も不安定のようです。言葉も遅れています。妊娠中の私の体調が悪く早産したせいかとも考えますが、お医者さんの診断では子どもの体の発育は順調とのことでした。

はじめての子育てなので、子どもの心がよく分かりません。私もイライラしてつい子どもに当たります。どうすればいいのかご指導お願いします」

K・Rさん（三十二歳）

A8

周産期育児（妊娠中から出産後三年の育児期間）の考え方からいえば、確かに妊娠中のお母さんの体調の悪さは、赤ちゃんの心の発育方向に影響はあります。

心の要素から見れば、感性や性格はともかく、はじめに情緒に強く現れます。妊娠中のお母さんの体の不安定が、子どもの心に怯えと不安を受け継がせるからです。

いま必要なのは、お母さん自身の情緒の安定です。子どもの情緒の不安定の要因には、だいたいお母さんの心の問題があります。幼い子ども心はお母さんと一心同体なのです。お母さん自身が、すんだことは振り返らず、おおらかに子どもに対応しましょう。

そして子どもの甘えを充たして受け入れましょう。ただ、一見反抗的なすねる態度も、じつは甘えたい一心という表現ですから見間違えないようにしてください。できるだけ肌の触れ合いを多くしてあげれば、周産期の怯えと不安は治めることができます。

子どもの心は肌の状態に現れますから、よく見ればお母さんにも分かるでしょう。

Q9「内弁慶は過保護のせい？」

「二歳になる男の子ですが、よくいう内弁慶とかで家庭内では我がままいっぱいにしていますが、一歩外にでますとビクビクして私のそばから離れません。

はじめての子育てなのでよく分からず過保護にしたせいかと思います。

このままでは集団保育にも参加できそうもありません。不安ですから小児科の先生にも見て頂きましたが、別に異常はないといわれました。いまから厳しい子育てに変えていいのか悩んでいます」

M・Iさん（三十歳）

A9

少子化の流れでしょうか、このような相談もよくあります。

一人っ子の家庭も多くなり子育てに不安をもつお母さんも増えています。ただ、これは過保護の結果ではないと思います。実際に子どもが少ないとどうしても、お母さんの干渉が多くなります。

当然として子育ては、子どもに対するお母さんの保護と干渉が必要ですが、問題はそのバランスです。成長年齢に応じてその割合を変える必要があるのです。

干渉が多くなり過ぎると、子どもの心は萎縮します。それが子どもの自信を奪い、親和性という社会性まで縮める結果にもなります。干渉とは指示、命令、指図、教えるという対応です。つまり子どもの手取り足取りが多過ぎていないかということです。

改善は、できるだけ干渉を少なくして、子どもの自主性を引き出す対応が必要です。日常生活でも「どうしたらいいと思う?」と何でも相談し、子どもを頼りにしてみるのです。たとえ二歳でも考えます。そして肌の触れあいを増やしましょう。

Q10「情緒不安定で夜尿症になるか?」

「三歳六カ月の男の子ですが、一カ月ほど前から急に毎晩おねしょをしだしました。いままでにないことですから心配で、病院でも見てもらいましたが、体には異常はないといわれて少しほっとしました。子どもは情緒不安などでも夜尿症になるものでしょうか。

生後三カ月の女の子が下にいて、まだまだ手がかかるので困っています。早くこの子の夜尿症グセを直したいのです。ご助言お願いします」

T・Nさん(三十四歳)

A 10

きょうだいを育てているお母さんはよくこのような相談をされます。だいたいが上の子が情緒不安になるようです。

一つは、お母さんとの触れあいが少なくなった疎外感からの欲求不満です。

二つめは、下の子にお母さんを取られたと思う敗北感からの寂しさです。

いずれも子どもの心に不安と不信感をつくりだすものです。

言葉で表現できない子どもは、行為としぐさでそれを現します。夜尿症やチック症、指しゃぶり、自分の髪の毛を抜いたり、赤ちゃん帰り、などの行為もそれに入るでしょう。

子どものその無意識の心を素直に受け止めてあげます。まず、できれば下の子は別の布団に寝かせて上の子と添い寝をしてみます。夜尿症のことは「あら、失敗したのね、気にしないでいいよ、お母さんだってしたことがあるよ」と叱らず受け流します。

大事なのは、子どもの心の孤独感の解消です。「○○ちゃんを一番愛しているの」と、お母さんの気持ちが子どもに伝わればよいのです。それで早い内にクセは直ります。

Q11 「友だちづくりの親和力とは？」

「四歳の男の子の相談ですが、幼稚園に行っていますが友だちが出来ません。一人っ子で我がままに育ったせいか、近所の同年齢の子どもとも遊ばず一人遊びをしています。

しつけの本によると、親和力が不足すると友だちづくりが下手になるとありましたが、私自身その親和力がないようで自信がありません。毎朝、園にも行きたくないとグズるので困っています。なにかよい育て方をお教え下さい」

M・Aさん（三十三歳）

A11

子どもは親和力が弱くなると確かに友だちづくりが難しくなるようです。人と人の触れあいに必要な基礎になるものです。もともとは十九世紀の詩人で作家のゲーテの書かれた自然科学論の中にあります。人同士のかかわり合いの大切さを説いたものです。

子どもの自信を取り戻しましょう。子どもの自信とは何でしょうか。お母さんに愛されているという実感。そして必要とされている実感。それと自分は価値があるという実感。この三つの成功体験を重ねて自信は生まれ成長します。

まず、この子のよいところを見つけだしましょう（必ずあります）。手でも目でも耳でもいいのです。「〇〇ちゃんは素敵な目をしているね、お母さん大好きよ」ではじめてもよいのです。つぎにだんだんと心の感性と性格と情緒の現れ方を認めていきます。

そして何事でも子どもの力を頼りにするのです。「〇〇ちゃんが必要なのよ、力をかしてね」と。子どもも人に必要とされると自信が生まれ親和力が大きく育っていくのです。お母さんは子どものほっぺや肌をもっとなめてみましょう。

Q12「おむつ離れのしつけは？」

「二歳半の女の子のことでご相談します。一人っ子ですが、いつまでもおむつ離れができません。このままでは恥ずかしくて幼稚園に入れることもできず困っています。

トイレに行こうとしないので、オマルも用意しましたが、まったく利用しないのです。小児科の先生にも見て頂きましたら『どこも異常はない、いずれ直るよ』といわれましたが、はじめての子育てでしつけ方が間違ったのか迷っています」

T・Kさん（三十一歳）

A12

べつにそれほどしつけのミスがあったとは思われません。一般的に乳幼児のおむつ離れが遅くなっているからです。幼児でも生活習慣の変更は心の負担になるものです。それだけ幼児の周りのいろいろなストレスを軽くすることが大事といえます。

まずトイレ周りを楽しくしましょう。子どもの好きな漫画のイラストのステッカーやラベルを張ってあげたり、思いきってトイレのドアを外してカーテンにして短期間に成功したお母さんもいます。閉所が嫌いな子どももいるからです。

それとたぶん〝紙おむつ〟を使われているのではないでしょうか、あれは実際は、化繊おむつです。「化学処理で何回しても肌に気持ちよく」とは不気味な話です。習慣の変更には子どもでも納得させるものが必要です。

一週間でも布おむつにしてベトベトの不快さの体験もさせてみましょう。トイレの良さが分かります。しつけは、ときに不快でも後が快いと子どもは従うものです。

Q13 「自然界に子どもの反抗期はない？」

「四歳の長女のことでご相談します。

近ごろ急にまったく言うことを聞かなくなり、困っています。前はしていた家事の手伝いも一切しなくなり口答えばかりです。

下に一歳になる弟がいますが、この子の世話もしません。厳しく叱ると私を叩くのです。友人に聞くとたぶん反抗期だろうといわれました。幼稚園でもふてくされて先生の指示にも従わないと注意されました。なにが原因か思い当たらないのです」

N・Hさん（三十三歳）

A13

原因はきょうだいの育て方にあると感じます。もういちど長女の赤ちゃんの頃を考えてください。可愛く思いほおずりしていた頃のことです。どうも相談の文面では憎たらしく書いてありましたので。子どもはお母さんの気持ちが分かるのです。

きょうだいを育てるときは、下の子を妊娠した胎内育児から上の子に参加させて、出産から乳児期の育て方まで全面的に手伝ってもらうのです。そして上の子に「あなたが頼りよ、お母さんは助かるわ…」と思い切り感謝します。上の子の必要性を強調するのです。お母さんに認められると上の子の心に自信と下の子への愛情が生まれます。

きょうだいの育て方の原則は、上の子には気を遣え、下の子には手を使えです。

それとよく反抗期などと言う人がいますが、不自然で無責任な言葉です。自然は自分を守り育てる大切なお母さんに反抗する時期など、決して与えていません。せいぜい愛情のすれ違いが原因の一時的なものです。自信をもって長女を愛してください。

Q14「夜泣きぐせの直し方は？」

「誕生三カ月の女の子のことでお尋ねします。

妊娠中私の体調がすぐれず、はじめてのお産が十数時間の難産でした。この子は産まれてからずっと眠りが浅く絶えずぐづつき、夜泣きを続けます。一晩中抱き続けないと治まりません。

小児科の先生は身体に異常はないからいずれ落ち着くといわれましたが、私がノイローゼになりそうです。

祖母の話しでは疳の虫が寄生しているのではないかといいます。ご助言ください」

K・Mさん（二十八歳）

A14

十数時間の難産とは大変でしたね。でももう少し辛抱しましょう。やはり妊娠中のお母さんの体調不良が、おなかの赤ちゃんの心に怯えを残したのではないでしょうか。

赤ちゃんの健康に異常はないといわれたのなら、少し肌の接触を増やしてみましょう。ベビーベットに一人寝にしないで、お母さんがしばらく（二週間ほど）添い寝を続けてみます。お母さんはパジャマの内に薄着をさせた赤ちゃんを包み込むようにします。

つまりできるだけおなかの中と似た状態にしてあげることです。そして「○○ちゃん、お母さんが守るから安心してお休みなさいね…」と話しかけながら寝かせます。

この状態をしばらく続ければお母さん自身の情緒不安も治まりますし、赤ちゃんのトラウマも怯えが取れて安定してくるでしょう。自信をもって赤ちゃんを守ってください。

また、これは赤ちゃんの心理的な情緒の問題です。昔からいわれる疳の虫の騒ぎではありません。最新の人体寄生虫学の真菌類の中にもそんな虫はいませんから。

Q15「やさしいやる気の引き出し方とは?」

「四歳の男の子のことですが、一人っ子で甘やかしたせいか、何事にもやる気がなくなげやりです。幼稚園での先生の話しも上の空で聞いていないそうです。

なぜか問いだしても『うるさい、ああ嫌だ』と逃げます。

落ち着きもなく集中力もありません。なんとかこの子のやる気を引き出したいのですが、厳しくいうと本などをなげつけて反抗します。体罰はしたくないので何かよいしつけ方をご指導ください」

M・Tさん(三十四歳)

A15

子どものやる気が少なく嫌気が多いのは、一つは日常の生活に楽しい予測を感じないせいが大きいようです。子どもの心に楽しさを予測させましょう。

もっと子どもに家事手伝いを頼んでみましょう。子どもは身の回りのお手伝いから、働きを学び、お母さんに感謝されて成功感と満足感を得ます。楽しい予測のはじまりです。

歩きはじめの赤ちゃんのときを思いだしてみましょう。はいはいから立ち上がってヨチヨチと歩きだし、二、三歩離れたお母さんに近付き、両手を広げたお母さんの胸に飛び込みます。赤ちゃんは嬉しく楽しさいっぱいです。その歩く気は楽しい予測から生まれます。

このとき、お母さんが遠く十歩も離れ過ぎると、赤ちゃんは諦めて歩きだそうとしません。子どものやる気の育て方のコツは、努力目標は小さく、成功感は大きくしてあげることです。それにはまずお母さん自身のやる気を育てましょう。

また、ときには子どもに尋ねてみます。「○○ちゃん、どうしたら楽しい?」と。

Q16「子どもの偏食を直したい」

「食事のしつけでご相談します。

三歳の女の子ですが好き嫌いが激しく、野菜類をまったく食べようとしません。保育園での給食も人参、かぼちゃ、白菜など全部残すそうです。魚も嫌いで肉だけは食べます。

このような偏食は身体の発達に悪いのではないかと心配でなりません。ときどきは無理に口をこじ開けて野菜を押し込むのですが、泣いて吐き出します。なにか偏食を直すよいしつけ法はないものでしょうか」

T・Uさん（三十二歳）

A16

だいたいが子どもの偏食のはじまりは、離乳食の与え方にあるようです。近ごろ市販している離乳食は、栄養的に満点で味の加工も子どもの好みに迎合して、激しい販売競争をしています。多少でも自然の状態が残るものはあまり売れないからでしょう。

実際に私たち大人が毎日食べているものでも、自然な食品はどんどん少なくなって、ほとんどが工場で組み込まれた工業製品になっています。いずれ魚などに骨があったなど知る子どもはいなくなりそうです。栄養、衛生、市場コスト優先の結果です。

偏食の直し方は、まず両親が偏食しないこと、つぎに食べる心を作ること、栄養分析は専門家に任せ、科学的という迷信に乗せられないようにしましょう。どれほど栄養価があっても食べたい気持ちがなければ、口に押し込んでも体内に吸収されないのです。

間食とくに甘みの強いものを減らします。そしてできるだけ運動させます。動けば子どももお腹が空きます。空腹にすることこそ偏食を直す良薬です。

Q17「子どものいうことが信じられない」

「幼稚園に通園している四歳半の一人娘のことでご相談致します。二カ月前から朝になるとお腹が痛いといいだし毎日休園します。わがままと思い厳しく叱ると泣きだして動きません。なんでも園に意地悪な子がいていつもいじめるというのです。

休むいい訳のようでもあるのであまり信じられません。休むと決まるとけろっと元気になり遊びだすのです。あとあとが不安です。どう対応すればよいのでしょうか」

Y・Mさん（三十四歳）

A 17

まずお母さんは子どもを信ずることです。どういうわけか近ごろの親は子どもの話をすぐ疑ってかかるくせがあります。マスコミの親と子のトラブルの報道姿勢（不信感を煽る）にも問題がありますが、親はたとえ騙されても子どもを信じたいものです。

その子の腹痛の原因を小児科の医師に聞きましょう。神経症胃炎かもしれません。異状がなければ幼稚園の担当者に率直に相談してみます。近ごろは皆さん、いじめがあっても隠したがりますから。実際、お母さんも、園の先生も、社会の大人たちも、〝すべて大人は子どもの保護者〟であることを思いだしていただきたいのです。

それと前の項の許容の子育ても参考にしてください。子どもの忍耐力の育て方です。いまは、大人も子どもも忍耐力つまり精神的ゆとりが失われてきています。社会の多くのストレスやプレッシャーは、とくに弱者の子どもにしわ寄せされて簡単には正せません。ぜひ子どもに忍耐力を備えさせましょう。

Q18 「泣き虫の性格を強く変えたい」

「二歳になる男の子ですが、産まれた時から泣き虫で何かというとメソメソして情けなくなります。

同じ二歳の友人の子どもが触っただけで泣き出します。なぜと叱ると更に何時間も泣いています。友人にはこれは遺伝された性格でしょうと同情されました。

このままでは、幼、保などの集団教育の場にも行けそうもなく心配です。この泣き虫と陰気な性格の直し方をご相談いたします」

T・Kさん（三十一歳）

A18

もともと遺伝された性格などはありません。妊娠中から乳幼児期に性格は方向づけられてきました。環境に誘導されてきたのです。その大きな要因はお母さんの影響力です。

この子には怯えがあります。それと自信喪失です。だいたいが幼児の怯えは胎児のときのお母さんの情緒不安が影響します。また自信喪失は産まれてからのお母さんの肌の接触不足でしょう。それだけ子どもにはお母さんの影響は重大です。

子どもの怯えを取るのはお母さんに愛されていると確信する実感です。つまりベタベタ触れあいを増やすことです。また子どもの自信を取り戻すのは、その子の必要性をお母さんが実感させることです。つまりお母さんがその子を頼りにするのです。二歳だから何もできないと見くびらず、食事の後片付けなどお手伝いを頼むのです。

そして皿一枚でも運んで手伝ってくれたときは、思い切り抱き締めて「○○ちゃんが手伝ってくれてお母さんは助かったわ」と伝えます。子どもは自信を取り戻します。

Q19「予防注射が大嫌いですが」

「こんなことを相談していいのか分かりませんが、よろしくお願いします。三歳の男の子ですが、転居のため幼稚園を変わりましたら、予防注射の証明書が必要といわれました。子どもは、もとから予防注射が嫌いで前の地域ではパスしたのです。地域の行政機関のする予防注射は強制でしょうか迷っています。子どもは少し病弱でアレルギー体質もあり不安です。どうすればよいかご助言ください」

M・Tさん（三十一歳）

A19

転居で新しい地域で戸惑っておられるのでしょう。予防注射はいまは原則的には強制はされないはずですが、地域によっては流感やインフルエンザなどの急激な流行の地区ではなかば強制する場合もあるのでしょうか。どうもばらばらな感じもします。

私もあまり集団予防注射は好きでないので参加していません。確かにウイルス性の流感予防のワクチン注射は、合えば効果的（罹患してもかるくすむ）といわれています。この相談では、何の予防注射かも不明ですので、一般的なこととして答えておきます。幼児を育てているお母さんは、居住している付近で、信頼できるかかりつけの小児科の専門医を探しておきましょう。でないと緊急のとき間に合わないこともありますから。

予防注射のことなども、その医師に相談され、個別にしていただけばどうでしょうか。多少、経費はかかりますが、集団予防での不安はないでしょう。子どもが幼いときは、よくいろんなハプニングがあるものです。かかりつけの医師はぜひ必要です。

Q20「自己哺乳は楽ですが気が引けます」

「生後一カ月の男の子のことでご相談致します。

母乳育児を勧められましたが、私の体質のせいかはじめから母乳が出ません。乳首に吸いついても出ないので怒って泣きます。それで哺乳瓶で粉乳を与えています。

はじめは嫌がりましたが、もう諦めたのか、自分で瓶を持って自己哺乳をしだしました。

手間がかからずいいのですが、なにか気が引けます。

母乳がいいとは思いますが、私の場合のアドバイスをお願いします」

K・Mさん（二十九歳）

A20

お母さんの場合、赤ちゃんより先にお母さんが母乳は出ないと諦めているような感じを受けました。

実ははじめからたっぷり母乳が出るお母さんは少ないのです。吸われることで乳首から刺激を受け、催乳ホルモンのプロラクチンが分泌されます。諦めず吸わせましょう。不足した分を補助として粉乳で補います。母乳の出し方など専門の助産婦さんもいますから、相談されて母乳がよく出るようになったお母さんもいます。

確かに、いまの新生児向きの粉乳は、栄養学的には問題ないところまできていますが、母乳育児のいいのは栄養補給だけではありません。赤ちゃんにもっとも必要なお母さんの愛情を、母乳といっしょに注いであげるのができることです。

もしも母乳がまったく出なければ、いまの赤ちゃんに哺乳瓶を持たせての自己哺乳だけはすぐ止めましょう。そのときはお母さんの胸に抱き締め肌にほおずりさせ、お母さんが赤ちゃんの目を見つめ、話しかけながら哺乳瓶で飲ませましょう。

Q21「学校教育でしつけはできませんか？」

「小一の一人息子のことで相談致します。

幼児のときから少しらんぼうな性格で、食事も好き嫌いが激しく、注意すると手づかみで食べたりして反抗します。学校に行き教育の場で直して頂けるかと思いましたが、ますますひどくなり困っています。

どこかでしつけを間違えたのか反省はしていますが、近ごろの初等教育では、しつけをし直してもらえないのでしょうか。ご助言お願いします」

W・Nさん（三十五歳）

A21

実は生まれつきの乱暴な性格などというのはありません。子育ての三つの領域の保護と干渉と放任のバランスがうまく与えられていないのでしょう。

甘えを充たし、しつけを伝え、熟成を待つ、のバランスです。これは乳幼児のときに肌から与えられるものです。

いまの知能教育の場では領域が違い過ぎるのです。いま学校の先生が生徒の心を育てるといって、生徒と肌の触れあいを増やせば問題になります。

子どもの性格や情緒は、お母さんの肌の触れあいで直しましょう。この子はきっと寂しいのではないかと思われます。しばらく幼児に戻ったつもりで添い寝などして肌の触れあいを多くしてあげましょう。甘えが充たされればらんぼうは治まります。

しつけは干渉の領域ですが、子どもの心にお母さんの愛情が届かなければ受け入れないものです。あせらず穏やかに接しましょう。らんぼうな性格は愛情のすれ違いが生みだすのです。愛情は「具体的」に伝えればすれ違いは起こりません。心してください。

おわりに

狭い庭の片すみに子どもの高さほどの小さな金柑の苗木があります。初夏のある日ふと見ると、小枝のあちこちに脱皮したてのセミの抜け殻が、点々としがみついていました。舗装された都会に残るわずかな地面にも、幼虫のはい出た穴があります。

セミの一生は、地中で七年、地上で七日といわれています。それにしても暗い土の中で数年も耐えて、やっと日の当たるところに出たかと思うと、次世代の卵をまた地中に残し一生を終わります。自然のルールとはいえあまりにも健気な生き方です。

でもセミの立場では案外、地中の生活が主で地上は付けたしだというかもしれません。なにしろ自然には、モグラにしてもミミズにしても生涯、地中で暮らしている生きものも無数にいるわけですから、それなりに生き方を楽しんでいると思います。

いのちは立場を変えると、まったく違った見方もできるということでしょうか。

子育てでも大切なのは、ときどきは子どもの気持ちになって、ものごとを見直してみましょうということです。

はじめからの子育てでいままで軽くみられてきた、胎内の赤ちゃんの立場から考えてみました。赤ちゃんにとって、もっとも気持ちのいいお母さんとのコンタクトとは、また、産まれたあとまで、よい潜在記憶を残すにはどうすればいいのかと、赤ちゃんの反応をみて調べたものです。

千数百年まえに日本に伝わった伝統胎教の検証も含め、いままでの胎内育児の多くも見直してみました。いまのお母さんにもすぐできるようにまとめました。

すばらしい子育てのキーワードは自然界にあります。素直に見渡せば学ぶべきことが多くあります。

ただ間違っていけないのは動物の子育てを手本にしないことです。私たち人間が動物の手本になる子育てをするのが当然だからです。

すべての赤ちゃんに、自然が与えた、六感覚に無用、無駄なものは決してありません。

お母さんにお願いしたいのです。赤ちゃんの感性の一つひとつを立場を変えて見直してください。それぞれに新しい発見があり、新しい育て方があるのに気づかれると思います。

この本をまとめるにあたりまして、児童教育界で国際的にもご活躍されている、七田眞先生の変わらぬご声援に、深くお礼申しあげます。

また、たえずご支援くださる児童英語教育界の俊才、船津洋先生と船津徹先生の両先生に心より感謝いたしております。

この諸先生方のご教示もありまして、子育てのはじまりの胎内育児の領域に踏み入ることができました。重ねて厚くお礼申し上げます。

さらに、総合法令出版編集部、関俊介さんの若い感性での編集によって、いまのお母さんたちへの思いが、よりよく伝わる形にまとまりましたのを感謝いたします。また、営業部の熊切絵理さんのパッション溢れるサポートにエールを贈ります。

最後になりましたが、各地のお母さんたちや読者の方々から、この胎内育児（胎教）の重要性の呼びかけに、数多くのご賛同とご声援をいただきました。心より厚くお礼申し上げます。ありがとうございました。

信千秋

著者紹介

信 千秋（しん・せんしゅう）

横浜市出身。

1960年より母子教育のテキスト企画と編纂に従事する中で、1975年、続発しはじめた母子関係のトラブルの解決にと、相談電話、子育て一一〇番を開設。

以来30年間、アドバイザーとして3万7500人の親たちの心の子育ての悩み相談に応えてきた。

助言は、母子教育書を編纂する過程で多くの医学者や教育学者、哲学者、自然科学者の方々との交流で学んだものと、さらに自然科学の生物生理学の応用によるユニークな独自の子育て論を系統立てた周産期教育理論で裏付けされたものである。

この周産期教育理論よりマーメイド胎教セミナーを21年前に開講。

その主任講師として指導中。

現在までの受講者は5000余名となっている。

新しい心の子育ての教育論の三原則、心育、音育、動育は、具体的な母子相互関係構築の子育て法として、各マスコミでもたびたび報道されている。

・周産期教育研究会主宰
・子育てサポート指導者研修会講師
・マーメイド胎教セミナー主任講師
・成人学級テキスト企画研究室室長
・親子療育相談心育コンサルタント
・情緒障害一一〇番主任カウンセラー

子育てを楽しくする情報

周産期教育研究会（心の子育てや胎教の研究を行っています）
マーメイド胎教セミナー（周産期教育と近代胎教の講習会、妊娠前も歓迎）
親と子の心の療育相談室（心の子育ての相談と指導を行っています）

（お問い合わせ）
信千秋事務所
ＴＥＬ ０７２（２４５）２２２２

おなかの中からはじめるハッピー子育て

2007年8月6日　初版発行

著　者　　信千秋
発行者　　仁部　亨
発行所　　総合法令出版株式会社
〒107-0052　東京都港区赤坂1-9-15
日本自転車会館2号館7階
電話　03-3584-9821㈹
振替　00140-0-69059
印刷・製本　中央精版印刷株式会社

ISBN978-4-86280-021-3

落丁・乱丁本はお取替えいたします。
総合法令出版ホームページ　http://www.horei.com